新编百家姓

李慧敏·编

……来历、宗祖溯源，体现着中国人对宗脉与血缘的强烈认同感

民主与建设出版社
·北京·

图书在版编目（CIP）数据

新编百家姓 / 李慧敏编 . —北京：民主与建设出
版社 , 2018.5
ISBN 978–7–5139–2111–4

Ⅰ . ①新… Ⅱ . ①李… Ⅲ . ①姓氏—中国—通俗读物
Ⅳ . ① K810.2–49

中国版本图书馆 CIP 数据核字（2018）第 071457 号

新编百家姓
XIN BIAN BAI JIA XING

出 版 人	李声笑
编　　者	李慧敏
责任编辑	王颂
封面设计	荣景苑
出版发行	民主与建设出版社有限责任公司
电　　话	（010）59417747　59419778
社　　址	北京市海淀区西三环中路 10 号望海楼 E 座 7 层
邮　　编	100142
印　　刷	永清县晔盛亚胶印有限公司
版　　次	2019 年 8 月第 1 版
印　　次	2024 年 5 月第 2 次印刷
开　　本	710 毫米 ×1000 毫米 1/16
印　　张	12
字　　数	102 千字
书　　号	ISBN 978–7–5139–2111–4
定　　价	48.00 元

注：如有印、装质量问题，请与出版社联系。

目 录

一、《新编百家姓》之赵姓…………………………………………… 1

二、《新编百家姓》之钱姓…………………………………………… 3

三、《新编百家姓》之孙姓…………………………………………… 5

四、《新编百家姓》之李姓…………………………………………… 7

五、《新编百家姓》之周姓………………………………………… 10

六、《新编百家姓》之吴姓………………………………………… 12

七、《新编百家姓》之郑姓………………………………………… 14

八、《新编百家姓》之王姓………………………………………… 15

九、《新编百家姓》之冯姓………………………………………… 18

十、《新编百家姓》之陈姓………………………………………… 19

十一、《新编百家姓》之褚姓……………………………………… 21

十二、《新编百家姓》之卫姓……………………………………… 23

十三、《新编百家姓》之蒋姓……………………………………… 24

十四、《新编百家姓》之沈姓……………………………………… 26

十五、《新编百家姓》之韩姓……………………………………… 28

十六、《新编百家姓》之杨姓……………………………………… 30

十七、《新编百家姓》之朱姓……………………………………… 32

十八、《新编百家姓》之秦姓……………………………………… 34

十九、《新编百家姓》之尤姓……………………………………… 36

二十、《新编百家姓》之许姓……………………………………… 38

二十一、《新编百家姓》之何姓…………………………………… 40

二十二、《新编百家姓》之吕姓…………………………………… 42

二十三、《新编百家姓》之施姓……………………… 44

二十四、《新编百家姓》之张姓……………………… 46

二十五、《新编百家姓》之孔姓……………………… 48

二十六、《新编百家姓》之曹姓……………………… 50

二十七、《新编百家姓》之严姓……………………… 52

二十八、《新编百家姓》之华姓……………………… 54

二十九、《新编百家姓》之金姓……………………… 56

三十、《新编百家姓》之魏姓………………………… 57

三十一、《新编百家姓》之陶姓……………………… 59

三十二、《新编百家姓》之姜姓……………………… 61

三十三、《新编百家姓》之戚姓……………………… 62

三十四、《新编百家姓》之谢姓……………………… 64

三十五、《新编百家姓》之邹姓……………………… 66

三十六、《新编百家姓》之喻姓……………………… 68

三十七、《新编百家姓》之柏姓……………………… 70

三十八、《新编百家姓》之水姓……………………… 72

三十九、《新编百家姓》之窦姓……………………… 73

四十、《新编百家姓》之章姓………………………… 75

四十一、《新编百家姓》之云姓……………………… 77

四十二、《新编百家姓》之苏姓……………………… 79

四十三、《新编百家姓》之潘姓……………………… 81

四十四、《新编百家姓》之葛姓……………………… 83

四十五、《新编百家姓》之奚姓……………………… 85

四十六、《新编百家姓》之范姓……………………… 87

四十七、《新编百家姓》之彭姓……………………… 89

四十八、《新编百家姓》之郎姓……………………… 91

四十九、《新编百家姓》之鲁姓……………………… 93

五十、《新编百家姓》之韦姓………………………… 95

五十一、《新编百家姓》之昌姓…………………………… 97

五十二、《新编百家姓》之马姓…………………………… 99

五十三、《新编百家姓》之苗姓…………………………… 101

五十四、《新编百家姓》之凤姓…………………………… 102

五十五、《新编百家姓》之花姓…………………………… 104

五十六、《新编百家姓》之方姓…………………………… 105

五十七、《新编百家姓》之俞姓…………………………… 107

五十八、《新编百家姓》之任姓…………………………… 109

五十九、《新编百家姓》之袁姓…………………………… 111

六十、《新编百家姓》之柳姓……………………………… 113

六十一、《新编百家姓》之鄷姓…………………………… 114

六十二、《新编百家姓》之鲍姓…………………………… 116

六十三、《新编百家姓》之史姓…………………………… 118

六十四、《新编百家姓》之唐姓…………………………… 119

六十五、《新编百家姓》之费姓…………………………… 121

六十六、《新编百家姓》之廉姓…………………………… 123

六十七、《新编百家姓》之岑姓…………………………… 125

六十八、《新编百家姓》之薛姓…………………………… 126

六十九、《新编百家姓》之雷姓…………………………… 128

七十、《新编百家姓》之贺姓……………………………… 130

七十一、《新编百家姓》之倪姓…………………………… 131

七十二、《新编百家姓》之汤姓…………………………… 133

七十三、《新编百家姓》之滕姓…………………………… 135

七十四、《新编百家姓》之殷姓…………………………… 137

七十五、《新编百家姓》之罗姓…………………………… 139

七十六、《新编百家姓》之毕姓…………………………… 140

七十七、《新编百家姓》之郝姓…………………………… 142

七十八、《新编百家姓》之邬姓…………………………… 144

3

七十九、《新编百家姓》之安姓……………………………… 145

八十、《新编百家姓》之常姓………………………………… 146

八十一、《新编百家姓》之乐姓……………………………… 148

八十二、《新编百家姓》之于姓……………………………… 149

八十三、《新编百家姓》之时姓……………………………… 151

八十四、《新编百家姓》之傅姓……………………………… 153

八十五、《新编百家姓》之皮姓……………………………… 155

八十六、《新编百家姓》之卞姓……………………………… 156

八十七、《新编百家姓》之齐姓……………………………… 158

八十八、《新编百家姓》之康姓……………………………… 161

八十九、《新编百家姓》之伍姓……………………………… 163

九十、《新编百家姓》之余姓………………………………… 165

九十一、《新编百家姓》之元姓……………………………… 167

九十二、《新编百家姓》之卜姓……………………………… 169

九十三、《新编百家姓》之顾姓……………………………… 171

九十四、《新编百家姓》之孟姓……………………………… 173

九十五、《新编百家姓》之平姓……………………………… 176

九十六、《新编百家姓》之黄姓……………………………… 178

九十七、《新编百家姓》之和姓……………………………… 180

九十八、《新编百家姓》之穆姓……………………………… 181

九十九、《新编百家姓》之萧姓……………………………… 183

一百、《新编百家姓》之尹姓………………………………… 184

一、《新编百家姓》之赵姓

【姓氏来源】

　　《新编百家姓》中的第一姓——赵，最初是起源于嬴姓的。它形成于西周时期，祖先是伯益。伯益是颛顼帝的后代，因助大禹治水有功，故被赐姓为嬴。伯益的第十三代世孙造父，偶获八匹骏马，后将其训练有素，敬献给了周穆王；造父善于驯马，驾车技术更是精湛，故深受周穆王的宠爱，并时时陪伴左右，待君主四处打猎、游玩时亲自驾车。一次，贪玩的周穆王西行至昆仑山，一是景色秀丽醉人，又逢西王母在瑶池设宴款待，竟是一时流连忘返。而此时，江淮一带的徐君偃趁宫中无首伺机率众谋反，周穆王听闻，心急如焚，坐着造父驾驶的由 8 匹千里马牵引的马车，日行千里，竟然一天一夜就赶回宫。突然出现的周穆王打乱了徐君偃的如意算盘，最终使叛乱平息。论功行赏之时，周穆王赞造父护国有功，

就把赵城，也就是今天的山西赵城县，赏封于造父做封地，后代遂敬仰皇恩浩荡，故以封地为姓，也就是今天的赵氏了。正如古书《姓纂》记载有云："帝颛顼伯益嬴姓之后，益十三代至造父，善御，事周穆王，受封赵城，因以为氏。"

【姓氏繁衍】

周朝末年，造父的第七代子孙叔带，因无法忍受当朝政治排挤，遂带领部分宗亲族人投靠晋国，并在晋国安家落户。到了春秋时期，赵家由于辅佐晋文公定霸有功，所以世代为君重用，担任晋国大夫，权倾当朝。后来权势不断壮大，赵氏子孙与同为朝中重臣的韩家、魏家一同瓜分了晋国，各自独立门户，自立为诸侯，这也就是历史上常提到的"三家分晋"。后来，赵国的国势日益强大，最终成为战国七雄之一，设都晋阳，即现在的山西太原县附近。赵国被秦国灭亡后，赵国的末代君王以及其他宗亲被秦始皇迁往西戎，也就是如今甘肃；另一部分末代皇室宗亲便被流放房陵（今湖北）；其后裔在汉朝时部分又迁居涿郡蠡吾(今河北)，就这样，赵氏在全国被扩展蔓延开来。

【姓氏分布】

赵姓在战国时其主要分布于山西、河北等地，后逐渐蔓延至甘肃、河南、陕西、山东；自汉朝以后又迁移至福建、四川、江苏、江西等地；宋朝时，由于"赵"为国姓，故赵氏人口得到发展，并且此姓被编排于《新编百家姓》之首，后南宋时期赵构迁都使赵姓大量衍生于江南地区。清朝以后，南部沿海的一些赵氏迁居台湾，也有些人移居欧美、东南亚等地区。

【姓氏名人】

赵武灵王,战国时赵国的第六位国君,首次实行"胡服骑射"，以增强赵军战斗力，成为一度能与秦国抗衡的军事强国。

赵匡胤，宋朝开国皇帝，即宋太祖，在位 16 年，才德兼备，务农兴学，轻刑薄敛，与民休息。

赵雍，元书画家，字仲穆，其作品有《溪山渔隐》《骏马图》《着色兰竹》等。

赵之谦，清书画家、篆刻家，著有《勇庐闲话》《补环宇访碑录》《六朝别字记》等，篆刻有《二金蝶堂印存》等。

赵树理，当代著名小说家、人民艺术家。其小说多反映真实的农村生活。他所开创的"山药蛋派"文学，成为新中国文学史上最重要、最有影响的文学流派之一。他的代表著作有《小二黑结婚》《灵泉洞》《三里湾》等。

3

二、《新编百家姓》之钱姓

【 姓氏来源 】

钱氏的由来属于"以官为氏"，这在宋人郑樵的《通志·氏族略》中是有证可依的，曰"颛帝曾孙陆终生彭祖，裔孙孚，周钱府上士，因官命氏焉。"说的是颛顼有一个曾孙，传说活了 800 年，历经两朝，故人称"彭祖"。他的后裔彭孚，在西周任钱府的上士，即掌管钱财的官员，其便以官职为姓氏，即钱氏。后来子子孙孙也都将姓氏为钱了。据记载，彭孚当时任职之地就是西周的建都处陕西西安，所以可以说，陕西就是钱氏的发祥之地。

【姓氏繁衍】

钱姓在历史上曾经历过几次兴盛。考证资料显示，在秦代，姓钱的人大多生活在今江苏徐州一带，直到西汉末年王莽之乱爆发导致大量的钱氏后裔逃往今浙江湖州落户。到了东汉，将军钱咸辞封高密侯，遂带领一支钱姓迁居今山东半岛北部。跨越魏晋到隋唐，钱姓的迁移便无多大变动。直到唐代后，钱镠建立吴越国遂使钱姓大兴发展，遍地两浙，后吴越归宋，于宋元之际，钱姓已经蔓延中原以及南部多个省，于是在"百家姓"占有第二位之席地。后经历明清，钱氏人数得以发展，缓缓蔓延于各个区县，但并无北去倾向。

【姓氏分布】

钱姓在宋末元初就已经出现在山东、浙江、江苏、安徽、湖北、湖南、广东、福建、河南、陕西、河北、山西等地，而洪武明初，大量姓氏族人分布于浙江、江苏、河南、河北、山东等地；直至正德，有江苏籍钱滋待其族人移至上海之内。明末才有人前往台湾居住，更有漂洋过海者，移居到东南亚、欧洲等地。如今，钱氏在中国占有一定的比例，也是排行第八十九位的大姓，约占人口的2.2%。

【姓氏名人】

钱镠：政治家，创建吴越国，在位30年余载，大兴农业经济，发展水利。

钱起：唐代大诗人，才华横溢，天宝年间的进士，因与郎士元齐名，世称"钱郎"，著有《钱考功集》。

钱乙：宋代著名儿科医生。著有《小儿药证直诀》，人们尊称他为"儿科之圣"。

钱选：浙江吴兴人，元朝初期著名画家。擅长山水、景物、人物，自成一派。

钱弘俶：钱镠之孙，公元948-978年在位，曾配合宋灭南唐。后献所据两浙十三州之地归宋，受封为淮海国王。

钱宗武：语言文学名家，曾研究《尚书》等，颇有建树。

钱学森：中国工程院和中国科学院院士，中国载人航天奠基人，中国两弹一星功勋奖章获得者。

5

三、《新编百家姓》之孙姓

【姓氏来源】

孙姓，是个历史悠久且来源丰富的大姓。一是来自姬姓，指的是周文王姬昌。姬昌的第八子康叔，于公元前1055年由于武庚叛乱后得赏于卫，建立卫国，故人称"卫康叔"。春秋初年，康叔的第九代子孙卫武公，为卫国国君，其有子名惠孙，按周制，其曾孙应以祖父的字作为姓氏，故产生了孙氏。这也是此姓氏最主要的来源之一。二是来自芈姓，即楚国一贤臣，名敖，字孙叔，贤良爱民，善于研究水利，故后人为纪念其德行，便世代以他的字号为姓。三是来自妫姓，也是上古八大姓之一，本是地名，因帝舜曾居住在妫这个地方，以地为名。帝舜的后人敬仲有子名书，是齐国大夫，齐景公因其立功而赐姓孙氏。

【姓氏繁衍】

孙氏的迁徙繁衍与它的来源出处具有密不可分的关系。姬姓后代由于卫国建立于今河南省，故秦汉之前主要在此地出现，后发展于东南沿海地区。另一支妫姓后裔由于大部分居住于齐国，即今山东一代，得兵家之圣孙武而有盛名，后齐国内乱，孙姓后人为逃难首次大规模南迁，这个也为后来此姓在中国南方多个省市的大量传播奠定了重要基础。而孙姓之后两次南迁分别见于魏晋南北朝的北方战乱，以及西晋永嘉年间的"八王之乱"。隋唐、宋元直至明清，孙氏更是得以发展，有族人逃亡于四川，或是为官迁至广西，更有五代孙汉英家、明代孙元化聚于上海等。

【姓氏分布】

孙氏人口遍及全国三十多个省市，其中以山东、河南、河北、安徽、江苏、浙江以及东北三省等地居多。根据上面所提，山东、江苏和河南为孙氏的主要发祥地，湖北、陕西、河北也是他们早期的聚集地，立要停留在著名郡望。三国、南北朝时期孙氏族人便出现在江西、湖南和浙江了。安徽、广东和福建早期并无孙裔生活，直到晚唐才陆续迁移至此。从明代中期，就有孙姓移居台湾和海外了。孙氏人口在早期很长时间都居住在长江以南，但是据统计，近 600 年以来他们大量北迁。呈现"北多南少"的局面，尤其是向华中和东北地区移动的现象明显。

【姓氏名人】

孙武：春秋战国时期伟大的军事家。曾在挚友伍子胥的大力举荐下为吴王重用，协助吴王伐楚，战无不胜，后又大败越国、齐国，之后吴王自傲，不听忠言，逼死伍子胥，孙武心灰意冷，归隐深山。他的《孙子兵法》是给后人留下的巨大的财富，曾被翻译成多种语言传播于世界各国。

孙思邈：唐朝伟大医学家，人称药王。不但医术精湛，并且很富有仁爱之心，心地善良。其不求功名利禄，只求治病救人，他的著作《千金要方》《千金翼方》等，至今仍旧沿用。

孙奇逢：明朝学者、隐者。代表作有《理学宗传》《读易大旨》《四书近旨》《夏峰先生集》等。

四、《新编百家姓》之李姓

【姓氏来源】

李姓是中国第一大姓，占汉族人口的 80% 左右。有关李姓的来源，一说李出自嬴姓，即颛顼帝，其后裔皋陶在炎黄时期曾任理官，也就是掌管司法和刑狱的官员，才德兼备，教育有方，所以他的子孙也为当朝理官，按照古人"以官为姓"的习惯，而"理"通"李"，故称李氏；又说纣王无道，皋陶子嗣理徵由于进谏被杀，其妻携子逃难，途中以李子充饥苟活，不敢称理，便改称"李氏"。另一种说法出自《姓氏考略》，即周朝道教创始人老子李耳为第一称李之人。当然，也有少数民族改姓李之说。据史料记载，唐开国皇帝李渊将立功的 16 姓氏将领赐国姓为李，这也使李姓在数量上占有一席之地。

【姓氏繁衍】

唐代之前，李姓族人主要是在华北地区生活，从商朝到东周，期间二百年间，他们一直居住在豫东，也就是今河南省郑州附近。到了东西汉朝时期，陆续有李氏族人迁往山东，或者到西南地区居住，也有的被融入少数民族。唐朝时期，由于李氏为国姓，贵气非凡，所以也得到了空前的发展。李姓在历史上有过几次南迁：第一次是在初唐时期，有李氏分支随唐高宗南下管理朝政，或是随王氏兄弟开辟漳州入闽；之后的"安史之乱"，又使不少李氏为求自保逃往南方；最后一次是五代时期，因逃避战乱，有李氏迁居晋江、福建等南方省市。到了明朝，才陆陆续续有人前往台湾甚至是海外居住，这些人中以福建李氏居多。

【姓氏分布】

据最新信息显示，李姓在中国人口中排名第一，约有 9600 万人，同时也是世界华人十大姓氏之一。在讲述李姓来源中，我们可以了解到，实际上它的发祥地是河南。而当今河南仍为李姓比例最大的聚集地，并且在先秦时期，以河南为中心点逐渐往四周扩散。唐朝是李姓的鼎盛时期，并促进此姓向南迁徙。除了河南，山东和四川也是李姓人口比重较大的城市。

【姓氏名人】

相对于其他姓氏来说，李姓无论从哪个方面讲都显得显赫很多，真可谓是大姓中的大姓，就拿中国历史上称王者来说，姓李的就多达 60 余人，这还不包括李氏著名官员和各领域名人。

李世民：即唐太宗，发动"玄武门之变"而取政权，治国有方，勤政严明，造就著名的"贞观之治"。

李白：李太白，人称"诗仙"，好喝酒作诗，潇洒非凡，在中国文学史上有着举足轻重的地位，代表作为我们熟知的《静夜思》《蜀道难》等。

李清照：南宋著名女词人，代表作《一剪梅》，辞风委婉，耐人寻味。

李广：西汉名将，英勇善战，正如杜甫所言"短衣匹马随李广，看射猛虎终残年"。

李宁：1982 年第 6 届世界杯体操赛上，在男子全部 7 个个人项目中获全能、自由体操、单杠、跳马、鞍马和吊环 6 项冠军。被誉为"体操王子"。

李小鹏：2008 年北京奥运会团体冠军，个人双杠冠军，并打破体操运动员的金牌记录。

李小龙：将中国功夫传播到全世界的第一人。打入好莱坞的首位华人。创造了中国世界纪录协会世界最多影迷的武术家的世界记录。

9

五、《新编百家姓》之周姓

【姓氏来源】

　　周姓在中国历史上是一个较为古老的姓氏，它的起源最早可以追溯到4000多年前的远古皇帝时期。有关周姓的来源，至今仍众说纷纭，我们大致概括为三种：第一，与孙同样的来自于姬姓，祖先后稷，后人周武王姬昌灭商立周，而周朝灭亡时，武王的后人便以国为姓氏了；第二，根据《河图运录法》所述，周氏的起源还可以追寻到遥远的黄帝时代，说黄帝有臣子姓周，例如周书，他们的后来必然也以此为姓；第三，商朝太子，封地于邑周，故以地为姓了。当然除了以上三种分支，也有赐姓和少数民族改姓的情况。

【姓氏繁衍】

　　最初的周姓人民主要生活在今河南地区，并以汝南为郡，他们以此地为聚集，发展、繁衍。到了秦汉时候，一些驻扎在汝南的族人开始向江苏省沛县迁移，有的还在当地声名显赫。晋朝永嘉年间，在

安徽可见周氏后裔，可见其繁衍活动正在不断进行。直到盛唐时期，人丁兴旺，周氏在福建、广东等沿海城市的人口数量大幅增长。具有代表性的是，南宋期间，一大臣名周必大，告老还乡之后便带领其家人迁往浙江省富阳市生活，这也为周姓的迁移和发展奠定了重要的基础。

【 姓氏分布 】

周姓在当代已经遍布全国，人口排名在中国的第九位；实际上从周姓的起源来看，其应该大部分分布于河南和陕西等地，然而魏晋南北朝时期的战乱连连，使周氏后裔大规模向南迁移，至于湖北、江西、江苏等地；又如上面我们提到的周必大迁往浙江富阳，经过三十几代的繁衍以至于现在富阳市周氏达 5000人以上。和李氏同样的，随王氏兄弟开拓闽地的也有周姓族人，这也是闽地第一次出现周姓。明清时期，此姓继续在南方大面积扩散，达云南、四川、台湾等地。这似乎是周姓发展的一贯方向，当然也是当代周姓大多数位于长江以南的原因。

11

【 姓氏名人 】

周勃：西汉开国元勋，平定诸吕之乱。

周瑜：三国时吴国名将，与刘备一同抵抗曹操大军，火烧赤壁。

周敦颐：北宋哲学家，著《太极图说》。

周树人：即鲁迅，浙江省绍兴人，伟大的文学家、思想家、革命家，著作有《狂人日记》《呐喊》《彷徨》等，在中国文学界具有举足轻重的地位。

周有光：中国著名语言学家，被誉为"汉语拼音之父"。

六、《新编百家姓》之吴姓

【姓氏来源】

　　传说吴姓在上古时期就出现了。一说颛顼时有大臣名吴权，后人为吴氏；二说舜帝的后代，有接受赐赏在虞的，由于同音而通"吴"；三说少康时期有一箭手，英明神武百发百中，名吴贺，后人继承其姓氏。另有学派称，太王因其小儿子季历颇有才干，又见季历之子姬昌出生伴有祥瑞出现，故打算传位此支。太王长子太伯、次子仲雍认为此乃天意便让贤南下，南方落后见此二人思想超前便推崇为君长，号句吴，太伯死后，仲雍继位。三代后，姬发灭商，而叔父仲雍之孙周章在南方已为诸侯，国号便改称吴了。

【姓氏繁衍】

　　关于吴之姓氏的繁衍，主要有两支。从仲雍时期往下数十九代，寿梦称王，建都吴县（今江苏苏州），故世代驻扎在此地生活繁衍，形成了在政界发展的一支吴姓族人，并出现了夫差等著名国君；另一只

是季札的后人，季札为寿梦的四儿子，为了逃避接任皇位而逃到延陵（江苏常州）作为农夫而生，后因休养生息人丁繁盛，

在当今吴姓中占有绝大部分。

吴氏的一次大规模迁徙是在吴国灭亡时，作为俘虏的夫差之子吴鸿被流放山西，而其他的族人或是被流放、或是逃难，最后在江浙、安徽、山东、河南境内的一些地方均可见到。吴姓入闽也是在盛唐时期。而入粤、入台湾的第一位始祖分别是后蜀驸马吴宣的五世孙，以及元朝礼部官员吴光斗。

【姓氏分布】

如今吴氏遍布天下。但是由于吴姓始于浙江、江苏各个省市，后一直在华中地区，尤其是南部沿海、南部中原地区聚集，所以吴姓还是多出现在长江以南。除了江浙，此姓氏在湖南、广东、四川也常见。明代江西有吴氏迁到湖南，安居乐业，便有跟多人效仿了跟去；到了崇祯年间清军入关在德阳作战，百姓纷纷逃难，便发生与之前同样的情况了。这就是历史上的"江西填湖广，湖广填四川"。

13

【姓氏名人】

吴广：秦末农民起义领袖。与陈胜发动起义，建立张楚。

吴承恩：明朝著名小说家。著有《西游记》。

吴敬梓：清代人，以小说《儒林外史》而著称的杰出讽刺作家。

吴其濬：清代著名科学家、政治学家，著有《植物名实图考长编》等。

吴有训：当代著名物理学家，历任清华大学教授，人大代表。

吴阶平：当代著名医学家。

七、《新编百家姓》之郑姓

【姓氏来源】

一说公元前806年，周宣王将郑地（今陕西华县）赐予其弟姬友，人们便称他为郑桓公。后迁新郑向东，又在公元前375年被韩国占领，原住民各处奔走，以原国为姓氏，郑氏产生。二说据《后汉书·南蛮西南夷列传》记载，郑姓为东汉五大姓之一。尚有郑姓来源于其他少数民族之说。

【姓氏繁衍】

上文提到，郑国灭亡后，后裔族人便以国名为己姓，而这当中，郑氏主要分为四支，南方、山东分支薄弱，而河南两分支比较繁荣。河南郑氏又主要聚集在新郑县，并以此为中心发展，渐渐迁入邻近省市。郑姓居民较大规模的南迁在历史上有过两次。第一次是在汉朝，汉武帝下令，曰强宗大族的，不得聚居以住，便有其中一部分郑氏居民南迁浙江会稽山阴了；另外一次，也是规模最大的一次发生在西晋，永嘉年间，中原动荡，遂大规模南迁，史上说"中原板荡，衣冠始入闽者八族"这其中就包括了郑氏一族。此外盛唐时期的入闽带走了部分郑氏，这其中就包括了郑成功的先祖，而郑成功是台湾入住的郑氏第一人。

【姓氏分布】

　　始于河南的郑氏，现在主要分布在河南、山东、安徽、山西等地区，后南迁到浙江、广东、福建、台湾，清朝时期，有郑氏出至海外，他们现在主要分布在泰国、菲律宾、印度尼西亚、加拿大、美国、马来西亚和欧洲等国家和地区。据最新资料显示，现代的郑氏见于广东中山市、浙江余姚、浙江苍南、福建等地分布较多，华北地区分布数量一般；而中国台湾的数量比例更是不可忽视，至今已达 50 万人左右。

【姓氏名人】

　　郑成功：明朝名将，曾收复台湾，成为著名的民族英雄。

　　郑和：明朝著名航海家，曾七下西洋。

　　郑玄：东汉经学家，著有《天文七政论》。

　　郑板桥：清代"扬州八怪"之一，著名画家，以画竹闻名。

15

八、《新编百家姓》之王姓

【姓氏来源】

　　王氏是《新编百家姓》中来源最复杂的一个姓氏，有关出处的说法最多可达 10 种。从其王氏分支之名望来看，多数人推崇妫来源，即古帝虞舜后人，因出君王后裔，故称王氏。也有不少人称王氏出于姬姓，一说周文王之子毕公高后代因故离散，故称王姓，有本为王族之意，居于京兆、河间一带，这在《通志·氏族略》中有所记载；一说周灵王太子，名晋，因进谏而贬为庶民，本为王族后称王氏；一说周桓公之后人纪念被秦灭亡后的原都王城，以地为姓。另说是出于子姓，即殷商王子比干被杀后，后人以爵位作为姓氏的。王氏的来源，无论是出于此三说，还是另外其他几说，其特点多为"以爵为姓"。

【姓氏繁衍】

王姓的发祥地见于今河南北部卫辉一带，并向山东、山西繁衍。汉朝到晋朝时期，由于太原、琅邪两大著名郡望的出现，使王氏得到了迅速的发展，山西、山东、河南省境为其繁衍地区。王氏的大规模南迁发生在西晋末年。到隋唐五代时期，王氏进一步发展到东南沿海和西南地区。后也入闽。宋朝时，由于王氏金榜题名，后入朝为重臣，成为除皇室以外最尊贵显赫的姓氏，便分布全国了。

【姓氏分布】

以长江为界，北部拥有较多的王氏人口，据统计，北方王

姓占北方汉族人口的 8% 以上；而南方相对人数少些，约占 4%。尽管如此，王氏作为当今全国排名第二的姓氏，共拥有 1 亿多人口，占中国总人数的 7.4%，这还不包括在海外的王氏们。他们主要聚集在河南、山西、陕西、河北、山东、甘肃、江浙和广东一带。

【姓氏名人】

王莽：公元 8 年，代汉称帝，创建新朝。

王昭君：西汉宫女，竟宁元年与匈奴和亲，著名的"昭君出塞"为后人一直流传。

王充：东汉思想家。代表作《讥俗》《政务》《论衡》等。

王羲之：东晋著名书法家、文学家。书风出众，为后人典范，代表作《奉橘》《丧乱》《孔侍中》及草书《初月帖》等。

王维：著名唐诗人、画家，擅长山水、田园之作。

王安石：北宋政治家、文学家、思想家，代表作《临川集》《周官新义》等

王阳明：明代著名的思想家、文学家、哲学家和军事家。创立"阳明心学"，代表作有《传习录》。

17

九、《新编百家姓》之冯姓

【姓氏来源】

冯氏来源有两个。第一，出自周文王后裔。春秋时有一晋国大夫名毕公高，是周文王第15子毕万的后裔，受封于冯城，后被晋献公消灭后，其后代便以原城为姓氏，即冯氏，此说在《后汉书》中有所记载；第二，根据《世本》所述，冯氏为冯简子之后，冯简子是春秋时期郑国的大夫，被封邑与冯城，故后人以此为姓，晋国夺此城，魏氏子弟长卿居住于此，他的后人也称自己为冯氏。以上两说的冯氏都为河南地界之说。

【姓氏繁衍】

冯姓之变迁始于战国。战国末期大将冯停，韩国将领，拒秦而死，子孙散落于党潞县（今山西）和赵国（今河北），并不断繁衍。三国之前就有至四川、湖北定居的。到了先秦时期，在山东也可见冯氏。汉唐时期，冯氏的繁衍速度十分迅速，以至于从发祥地陕西，直至华中很多地区，而唐末黄巢起义让冯氏部分人南迁福建以避乱。这些广东、福建等沿海地区的冯氏后代在清朝康熙年间逐渐外出至台湾甚至于海外。

【姓氏分布】

冯氏是中国常见姓氏之一，在中国排名27位，占据总人口的 0.8%，共计 800 多万人。

冯氏的分布广泛，但尤以陕西、山西、福建、河南、河北居多。而著名的冯氏之郡有河间、上党郡、京兆郡、长乐郡等等。

【姓氏名人】

冯异：光武帝时候的将军，熟读兵法，屡建奇功，故被光武帝封为阳夏侯。

冯梦龙：明朝文学家、戏曲家，代表作品《警世通言》《古今谭概》《智囊》等。

冯惟敏：明朝著名散曲家。

冯友兰：中国当代著名哲学家、教育家。著有《中国哲学史》《贞元六书》等。

十、《新编百家姓》之陈姓

【姓氏来源】

据史料记载，陈姓最早是起源于妫姓，祖先为舜帝。舜帝的后裔阏父善于制陶，又认为谦和爱民，深受文王喜爱。后来周武王继位时阏父已经去世，便追封他的儿子为侯爵，赐陈地（陈这块地方以前是用来画八卦图的，位于河南开封），并把女人姬许配给他，称

19

"陈胡公"。到了胡公的十代，后人孙妫逃于齐国，便用原来的地名做姓了。这是最主要的一种说法，其次也有此姓为鲜卑族后裔转姓而来之说，在《魏书·官氏志》也有所提及。

【姓氏繁衍】

有关陈氏的发祥地，一说禹县，一说淮阳，而我们至少可以把它定位在今河南省。

陈姓在历史上有过几次比较明显的迁移。秦汉之前，陈姓还是主要集中在中国北方的。而自魏晋南北朝时期，由于陈国发生内乱，便出现陈氏子孙外迁了。到了唐朝时期，陈氏南迁主要是以福建为目的地。一是高宗时，陈政受命镇压福建暴乱；后由子陈元光领兵，建立漳州郡；二是陈氏后裔陈邕在当朝受到宰相李林甫排挤，后离开，迁至福建同安，后发展繁盛。

【姓氏分布】

陈氏是当今中国排名第五的姓氏，人口众多，约占全国人口的4%以上。现在陈姓遍布全国，尤以南方为主，特别是四川、福建、江苏、浙江、湖北、湖南等地。而在粤、台两地，陈氏就占当地汉族人口总数的10%以上。值得一提的是，陈氏是当代越南的第一大姓氏，占有最多的人口比例，这是由于李朝李昭皇之夫陈暘，于一千多年前创立了越南陈国，经过不断的代代发展而来的。

【姓氏名人】

陈平：西汉王朝的重要宰相之一，开国功臣。

陈友谅：中国元末大汉政权的建立者。

陈玉成：太平天国将领之一，军事统帅。

陈寿：字承祚，晋朝著名史学家、文学家，著有《三国志》。

陈寅恪：历史学家、语言学家，著有《隋唐制度渊源略论稿》

《唐代政治史论稿》等。

十一、《新编百家姓》之褚姓

【姓氏来源】

很多人都说，褚姓是一个历史上比较单纯的姓氏，其寓意是说，褚姓无赐名和冒用之事，也就是说，纯粹来自于地姓和官姓。第一，以地为氏。《后汉书·郡国志》有云："洛阳有褚氏聚"，即河南洛阳这个地方有一个叫"褚"的地方，居住于此的居民用地名作为姓氏。这也见于《姓氏寻源》中曰："古有褚地，居者以为氏。"第二，以官为氏。说春秋时期有商人，名段，是宋恭公的儿子，封地褚，因其品德高尚，其德可为师，故人称其为"褚师"，后便姓褚。还有说，古代有一官职名"褚师"，当官的人以官姓为己姓。

【姓氏繁衍】

褚氏的起源位于河南省境内，并且在此发源地聚集很长一段时间，这见于《后汉书·郡国志》："雒阳有褚氏聚"。秦汉时期有梁国宰相褚大迁至山东，又有博士褚少孙迁于沛县（今江苏境内），这是最早的褚氏迁徙，而大部分的褚氏仍以河南为主要居住地。直到汉末，盐官褚盛族人，有迁往浙江嘉兴的，有徙居苏州的。后唐朝时，褚招封关内侯，任命为扬州都督，其孙褚磐为官后迁居今江苏江宁，然后逐渐有人南迁于福建、广东、江西。明朝山西褚姓有分迁于河北、天津、安徽的；清朝时褚姓已经遍及东北、西北、西南之地。

【姓氏分布】

如今，褚氏人口在全国排名第 220 位，人口达百万人以上。褚姓主要聚集在中国黑龙江、吉林、辽宁、山东、河北、河南、安徽、山西、江苏、浙江、云南等地，而以辽宁和江苏居多。少数定居于日本、美国、东南亚等国家。

【姓氏名人】

褚秀之：唐朝著名学者，十八学士之一。

褚遂良：唐朝唐太宗时期的顾命大臣，不但博学多才，还直言不讳，深受李世民器重，另外他在中国书法界也有着崇高的地位，尤其以隶书和楷书擅长。有《大唐三藏圣教序》《伊阙佛龛记》《孟法师碑》《房玄龄碑》《雁塔圣教序》等墨迹。

褚大雄：抗日战争时期著名画家，擅长水墨画。随父母居住于四川，七岁习画，多描写蜀中群山、藏民之居住风景。

褚应璜：中国科学院学部委员，电机工程专家，曾主持研制了我国第一套 800 千瓦混流式水轮发电机组。

十二、《新编百家姓》之卫姓

【 姓氏来源 】

卫姓的来源主要有两种。一为出于姬姓。商场灭亡后，周武王大封，其弟康叔有功，故将原商地朝歌以及殷民七族赐封给他，后康叔在此地建立卫国，其后裔以国名为姓，后虽国势先后被魏秦削弱，最终亡国，但其国民将卫姓流传了下来；二是出于少数民族鲜卑，其在汉化过程中改姓氏为卫。

【 姓氏繁衍 】

根据以上我们所讲到的姓氏来源，卫姓族人最早是在河南淇县驻扎的，康叔接管此地后一段时间将都郡迁到河南濮阳，并以此为中心向外发展，其中有一支，于秦朝时期迁到河东郡，也就是今天山西省附近。后来，卫姓在汉晋时期，就已经遍布河北、山东、江苏等地了。例如河北有卫尉卫子豪，其妹为汉宣帝婕妤；山东有文人卫咸。盛唐时期，卫姓发展更为繁荣昌盛，有户部郎中卫几道，迁徙陕西西安。明清以后，逐渐迁至东南沿海一代，后发展至海外。

【 姓氏分布 】

中国现在的卫氏人口达到 78 万人左右，占汉族人口总数的 0.06%。虽然历史悠久，但实际人口排名第 170 位，在广东、

23

台湾等地也没有进入前一百名。现在卫姓，在其根源地河南研究活动开展比较多，而在其他地方并没有有关姓氏研究的热潮。在海外也未曾听说组成卫姓的联谊会。

【姓氏名人】

卫青：汉武大帝时武将，平阳公主之夫君，多次大战匈奴，立下不少战功，为人谦和、不求名利。

卫子夫：卫青之姐，原为平阳公主之婢，后汉武帝见其贤良淑德，便立为妃，后子夫生下太子被立为皇后。

卫大经：唐朝著名文人，因博学多才而出名，通晓天文地理。

卫绍钦：北宋名将。

卫玠：晋朝著名玄学家，中国古代四大美男子之一。

24

十三、《新编百家姓》之蒋姓

【姓氏来源】

蒋姓的姓氏来源比较纯正，据史书记载，蒋姓最初来源于姬姓。周武王之弟姬旦，伐纣有功，又因周武王去世时其子尚幼，难以掌控国家大事，姬旦周公辅佐，所以周公第三子，周伯龄，被赐封于蒋城（今河南光山县），后成立蒋国，人称蒋伯。如《元和姓纂》中说："周公第三子伯龄封蒋，子孙氏焉。"，另外，也有蒋姓为少数民族改姓所形成的姓氏。

【姓氏繁衍】

蒋姓的最初发祥地为河南。蒋国被楚国灭亡后，大部分蒋氏外迁，只有少部分留居。

秦汉时期，蒋姓有人迁入陕西和山东，以山东博兴繁衍最为昌盛。蒋氏南迁的时间较其他姓氏来说算是比较早的：东汉年间，光武帝九子避难，躲避于今四川、江西、江苏，并随地封侯，后来渐渐繁衍到浙江、湖北、湖南等地。经过唐入闽开漳，宋昌盛，明清有移居海外者。

【姓氏分布】

如今蒋姓遍布全国，人口繁多，其数量占全国汉族人口数量的 0.47% 左右，总数超过 600 万，排名 43 位。而蒋姓在中国以四川、江苏、湖南、浙江等省较多，约占全国汉族蒋姓人口的 60%。它是中国常见姓氏，也是南方典型姓氏。

【姓氏名人】

蒋翊：汉朝官员，清正廉洁，后王莽掌朝离开还乡。

蒋琬：三国时期，蜀汉四相之一，曾被诸葛亮称为是"器稷之才"。

蒋防：唐代著名文学家，曾为翰林学士。代表作为传奇小说《霍小玉传》。

蒋廷锡：清朝康熙年间的大学士，曾钦命核定《古今图书集成》并撰有代表作《青桐轩》《秋风》《片云》等。

蒋植：江西铅山人，清戏曲作家、文学家，曾任翰林院编修，著作甚丰，诗文负盛名，与袁枚、袁翼并称江右三大家。

蒋筑英：当代光学科学家。毕业于北京大学物理系，为国家的光学事业兢兢业业，曾被评为劳动模范。

蒋兆和：现代卓越的人物画家和美术教育家。

十四、《新编百家姓》之沈姓

【姓氏来源】

沈之姓氏来源有三。一说成王为帝时期，周公旦辅佐摄政，有监官不服，与前商朝纣王之子勾结，意图谋权，周文王第十子季载平叛乱有功，故被推荐为司空，成王后将沈国封给季载。沈国被蔡国所灭后，后人便以地为姓了，这是出于"姬"姓之说；二说出于芈姓，即春秋时期，楚庄王后裔有被赐沈邑，故获此姓；三说少昊金天氏后裔有人建立沈国的，在被晋国所灭以后，子孙称自己为沈氏。以上三说可见于历史记载《新唐书·宰相世系表》《元和姓纂》《通志·氏族略》《左传·昭公元年》等有关资料。

【姓氏繁衍】

据考证，沈姓最早是出于今河南省与安徽省之间的。在春秋战国和秦汉时期，

有楚国左司马居住于河南叶县，后也有人隐居九江寿春（今河南寿县）、吴兴（浙江吴兴县），这也是沈姓南迁之初。魏晋南北朝时，北方战乱，和其他姓氏族人一样，有不少沈姓后裔南迁入驻几大省份，逐渐蔓延于江苏、江西、浙江、湖南、湖北、四川等地。盛唐时期，沈人入闽粤。宋朝时期北方战争连连，更加加剧了沈姓的南迁，这一次他们主要迁往东南沿海一带，并于明清传播到海外了。

【 姓氏分布 】

沈氏也属于中国常见大姓，其人口已经突破570万，大约占中国人口总数的0.36%，在中国大陆排名四十七位。和蒋姓一样，沈姓也属于南方姓氏，主要分布在中国江南一带，尤其江苏、浙江、湖北、湖南和沿海地区，以广东福建居多。南方居住的沈氏也在中国所有沈姓中占有多数比例。

27

【 姓氏名人 】

沈约：南北朝梁文学家、史学家。著有《二十四史》中《宋书》。此外他在声学方面也有所研究和造诣，有《晋书》《四声谱》之著作。

沈括：北宋时期著名科学家，擅长研究天文、地理、物理等，其代表作《梦溪笔谈》集中他所有成就，并一直流传至今。

沈德鸿：即茅盾。中国现代著名文学家、评论家、社会活动家，在我国文学界有举足轻重的地位，五四新文化运动的先驱者之一。

沈岳焕：即沈从文，现代著名文学家，代表作有《边城》《长河》等。

十五、《新编百家姓》之韩姓

【姓氏来源】

有关韩姓的来源，最多可以达5种。但是最主要有两种。第一，可见于史书《风俗通》，即春秋时期在晋国有一位周文王的后裔，因立功，被晋献公赐封韩原，也就是现在陕西省韩城南边的位置，后来他的子孙便以地为氏了。第二，以国为姓氏，韩国，是战国时期七雄之一，建都平阳（今山西省内）后迁都阳翟也就是现在的河南省禹州市，可见韩姓存在之范围广泛。

【姓氏繁衍】

韩姓的繁衍和发展始于战国时期，如我们刚才所提到的韩国都城从今山西迁往河南，到了韩哀侯时期，再一次迁都新郑，也正是由于多次迁都，为韩姓的繁衍，尤其是在河南广大地区的驻扎打下了重要基础。汉朝时期，江苏有韩姓出现，到了魏晋南北朝，中原战争繁多，韩国也大举南迁，遍布南方几个重要省区了。唐朝宪宗年间，韩愈被贬，至于潮州，这也是最早进入广东的韩姓。后南宋，浙江、江苏、安徽、江西、湖北、湖南、广东、福建等省都是韩姓生息之地，而四川、广西、台湾等省先后也有韩姓迁入。

【姓氏分布】

经过几千年的繁衍、发展，韩姓已经成为现在我国第 25 之位的大姓，人口达到 884 万以上，占全国人口总数的 0.68%。韩姓现在的聚集并无明显的南北之分，北方主要分布于河南、山西、山西、河北、辽宁等省；南部以安徽、浙江、江苏、湖北、福建为主。

【姓氏名人】

韩非：战国末期著名思想家。

韩信：西汉时期大将军，著名军事家，封为楚王。与张良、萧何并称"兴汉三杰"。

韩愈：唐朝文学家，"唐宋八大家"之首，代表作有《山石》《雉带箭》《八月十五日夜赠张功曹》《谒衡岳庙遂宿岳寺题门楼》等。

韩世忠：南宋著名抗金大将。

韩晓鹏：冬奥会滑雪冠军。

韩寒：80 后作家、赛车手。代表作有《三重门》《毒》等。

韩启德：中国科技协会主席。主编有《血管生物学》《心血管药理学进展》等。

韩少功：倡导"寻根文学"的主将，发表《文学的根》，提出"寻根"的口号。著有《爸爸爸》《女女女》等。

十六、《新编百家姓》之杨姓

【姓氏来源】

有关杨姓的来源，一说出于姬姓，说的是周宣王的儿子尚父，幽王时，被封为杨侯，春秋时候杨国被晋国所灭，杨便成了晋国的地界。晋武公的二儿子伯侨立有功劳，便把杨邑赐封给他，后人以国为姓。这是最广为流传的一种关于杨氏出处的说法。另外几种说法，使此姓显得没那么"纯正"了，有说是三国时期诸葛亮赐给少数民族作为姓氏的；有说别姓改来的，另外还有少数民族汉化改姓为杨的。

【姓氏繁衍】

今山西省境内可谓是杨姓的发祥地。晋国灭杨后，原来居住在这里的后裔族人便以此地为中心向四周发展繁衍，逐渐进入陕西、河南一带。汉代之前，杨姓主要分布于中国北方地区。只有个别族人迁往湖北和四川。春秋战国时期，湖北潜江一带已有部分杨姓族人居住，但后来受到楚国势力增强所迫，他们逐渐迁往江西，同期也有不少人从山西移居到江苏和安徽，逐渐遍布长江中下游地区。此趋势在西晋到宋代一直不断加强，无论是向北，还是向南延伸，最后广泛分布于河北、山东、内蒙、安徽、湖南、浙东、福建、广东、四川、贵州、云南、广西等地。

30

【姓氏分布】

现在，杨氏在我国分布及其广泛，尤其见于长江沿岸杨氏聚集，这正与我们之前分析杨氏的繁衍过程有一定对应。杨氏人口众多，已经超过 4000 万，大约占中国人口总数的 3.08%，在中国排名第 6 位。除此以外，日本、美国、菲律宾、欧洲等地的海外侨胞中不乏一批杨氏子孙。

【姓氏名人】

杨坚：隋朝开国皇帝，在位期间积极改革各种国家制度，使百姓安康富足，是历史上的明君之一。

杨贵妃：唐代贵妃，与王昭君、貂蝉、西施并称为古代四大美人之一，唐玄宗宠爱倍加，可惜红颜薄命，在安史之乱中六军要杀其兄杨国忠，妹受其牵连，后自缢。

杨业：宋朝名将，英勇善战，曾打败契丹军。其子得到良好的教育和熏陶，也练得一身武艺，报效朝廷，被后人称为"杨门虎将"。

杨万里：南宋著名诗人，南宋四大家，代表作有《念奴娇》《昭君怨》《晓出净慈寺送林子方》《晚风》等。

杨溥：明朝著名政治家、诗人、内阁首辅。

杨朔：著名散文作家。作协成员。代表作有《三千里江山》《鸭绿江南北》《东风第一枝》等。

杨振宁：物理学家，1957 年曾获得诺贝尔物理学奖、爱因斯坦奖。

杨丽萍：当代著名舞蹈艺术家。

杨致远：美籍华人、雅虎公司创始人。

31

十七、《新编百家姓》之朱姓

【姓氏来源】

朱姓最主要的来源是由曹姓而来。《元和姓纂》记载："朱，颛顼之后，周封曹挟于邾，为楚所灭，子孙去邑以为氏。"也就是说，西周时期，有一个叫做曹挟的，他是颛顼帝的后裔，由于立功被周武王封在"邾"地做侯。后来此地被楚国灭亡以后，后代就以地名作为姓氏。

当然这并不是朱姓的唯一来源，据史料记载，舜帝有大臣，名为朱彪，曾辅佐伯益，后代为朱氏；又有尧之子丹朱的后裔，以祖先之名为姓氏的说法，除此之外，还有外族改姓之说。

【姓氏繁衍】

朱姓的发源地在今山东境内，在先秦时期朱姓主要生活在中国北方，知道秦始皇统一中国，才使朱姓有较快发展的机会。朱氏也是在南北朝动荡的时候南迁的，并且后裔有在江南发展为望族的朱氏。宋元又是朱氏繁衍的一个重要时期。居住于江南地区的朱姓族人已经发展到了浙江、安徽、河北等地。明朝是朱姓

发展的巅峰，因为朱在明朝时为国姓，族大势盛，所以在各地均出现名门望族。

【姓氏分布】

朱姓也是中国人口数量较多的大姓之一，共有1500万人左右，占中国人口总数的1.3%。朱姓主要分布在中国江苏、浙江、广东、安徽、河南等地，这些省份所含的朱氏人口就占全国的40%以上。

【姓氏名人】

朱熹：南宋理学家。代表作品有《四书章句集法》。

朱元璋：明朝开国皇帝。参加元末农民起义，推翻元朝，建立明朝，治国有方，明朝共经历了17位皇帝，是一个时间持续比较久的朝代。

朱棣：明成祖，明朝第三位皇帝。创立明朝盛世，曾派遣郑和七次出使西洋考察，记录三十余国家，为后人的历史研究提供了宝贵的资料。

朱耷：明末清初画家，将中国水墨写意画艺术推向高峰，对后世影响极大，号八大山人。

朱自清：现代著名作家、散文家、学者、民主战士。代表作品《荷塘月色》《背影》《你我》等。

朱光亚：中国"两弹之父"，中国科学院院长。

33

十八、《新编百家姓》之秦姓

【姓氏来源】

有关秦姓主要有三个来源，其中最正宗的为出于姬，即周公旦之子伯禽继承父亲的封地，也就是当时秦邑这个地方，子孙以地为姓的说法。另一个说法是秦姓源自嬴姓，是秦始皇嬴政的祖辈。皋陶有一后

裔，名非子，驯马技术了得，深受周孝王宠爱，后来把秦地封给他使其为首领。非子的后裔秦庄公、其子秦襄公都为社稷之才，屡次为朝廷立功，故被周平王封为诸侯，后襄公建立秦国，又使商鞅变法，国家势力雄厚，成为战国七雄之一。终于到嬴政时期统一中国。可施以暴政不久亡国，子孙为了纪念祖宗的丰功伟业便以国为姓。

【姓氏繁衍】

秦姓的繁衍，在南北朝之前就开始了。嬴姓秦氏这一支，最早发源甘肃天水，秦国灭亡后多居住于陕西，有的向湖北蔓

延；而另外一支出于姬姓的秦氏，则多位于东方，始于晋河南范县以及山东曲阜，并且一直缓慢地向陕西和湖北传播。战国时期两支均北上，遍布于河南、山东、河北、陕西、湖北等地。后西汉时期汉高祖刘邦担心六国贵族势力强大而威胁政府，便下令将贵族后裔迁徙到可监视的范围之内，也就是今陕西省境内，另外有个别秦姓迁移到陕西、北京、四川、江苏等地。魏晋时期，和其他姓氏一样，由于北方战乱，秦姓大规模南迁，至于江苏无锡、浙江会稽等地区，到了唐宋时期就遍布大部分江南地区了。明、清后分布全国，也有迁于海外者。

【姓氏分布】

秦姓也为常见姓氏，是中国一百大姓之一。秦姓现在的人口数量已经超过 900 万，占全国汉族人口总数的 0.26% 左右，排名第 78 位。秦姓遍布大江南北，尤其以四川、河南、江苏、广西分布比较集中，这四个省的秦姓人数占秦姓总数的一半以上，大约为 54%。

【姓氏名人】

秦越人：即战国时期名医扁鹊。

秦琼：唐朝名将，封胡国公，英勇善战，后民间有人供奉为门神。

秦观：北宋词人。代表作《淮海集》《淮海居士长短句》等。

秦九韶：南宋数学家，曾任沿江制置司参议官等，后贬。发明"大衍求一术"及"正负开方术"，著有《数学九章》。

秦良玉：巾帼英雄，明朝著名女将，自其丈夫石砫宣死后代夫从官，接任土司一职，治军严明，曾征战解成都之围，死后被封为忠贞侯。

秦牧：文学家，中国散文界的"南秦北杨"之一，代表作品《土地》《长河浪花集》。

十九、《新编百家姓》之尤姓

【姓氏来源】

简言之，尤姓均为他姓转化而来。《梁溪漫录》有云："五代王审知据闽，闽人姓沈姓者为避讳，去水为尤姓。"前面我们介绍"沈"之来源时曾经提到：幼年成王继位时三监勾结商纣余党伺机篡位，周文王第十子聃季平叛乱有功后被封于沈地，后建立沈国。到了五代时，王审知入闽为王。因沈与审同音避讳，沈姓去掉水旁，改称尤姓。这是一种来源，即"沈"为"尤"的祖先。其他的，有他族改姓之说，即少数民族蒙族、苗族、满族汉化得此，还有出自仇姓的说法。

【姓氏繁衍】

王审改"沈"为"尤"，吴兴郡便为尤姓郡望了，但直至宋朝之前，尤姓并不算是成规模有数量。宋朝真宗年间，有一泉州人尤叔保，带领其子孙尤辉，曾孙尤著，玄孙尤梁，尤概等迁往常州无锡，这在《常州府志》也是有所记载的。五代时期，在福建及其周边尤姓可见。后南宋建都今浙江杭州，大批居民为仕途迁往，其中不乏尤姓。后被元进攻，人们纷纷逃散，尤姓便有迁往江西、广东、湖南、湖北的，甚至北上逃难繁衍者不在少数。明朝初年，原居住于山西洪洞的尤姓有分别迁往江苏、安徽、湖南、北京等地，也有随郑和进去南湾的尤氏。各地尤姓均繁衍发展良好。

【姓氏分布】

尤氏相对其他姓氏来说并不算人口繁多，大概80万人左右，占全国汉族人口的0.1%左右，排名124位。尤姓在全国均有分布，尤其是北京、河北、河南、江苏、福建等地，这5个省份的尤姓数量就占所有尤姓的76%以上。

【姓氏名人】

尤九龙：宋朝时期有名的大寿星，活了120岁。曾任工部侍郎，太学士。

尤袤：南宋诗人，在宋孝宗年间为大宗正丞，代表作有《淮民谣》《东湖》《玉树》《青山寺》等，并为一些历史书籍进行编纂、修正，一生爱国爱民。

37

尤侗：明末清初时期著名的文学家、戏曲家，曾为官，参与修撰《明史》《艺文志》等书籍，受到清朝顺治、康熙两朝皇帝赏识，精通诗词古文，作品繁多，代表作有《艮斋倦稿》《鹤栖堂文集》、《西堂杂俎》、《钧天乐》、《读离骚》《吊琵琶》等。

尤荫：清朝著名的书画家。擅长山水、花鸟、写竹，诗文中有《出塞诗钞》《出塞集》《黄山集》等。

尤渤：清朝爱国将领，江南总督，第一次鸦片战争时击败英军，为国效力，戎马一生。

尤列：著名民主革命先驱，同盟会的元老之一。曾著有《孔教革命》《四书章节便览》《小园诗存》等。

二十、《新编百家姓》之许姓

【姓氏来源】

许姓的起源来自姜姓，是以国为氏而形成的。姜姓部落和之前我们提到的姬姓部落是联盟，一起打败商纣王，建立西周，功不可没。行功论赏时，姜姓族人就被分在原来商朝的旧地上，成为许国诸侯。战国时期许国被楚国所灭，后人便全部称自己姓许了。这算是比较正宗的许氏来源说法。另外有人称许氏的鼻祖是尧舜时期的贤人许由，不过此为神话，后证实并无此人。

【姓氏繁衍】

今河南许昌县是许氏的发祥地。春秋战国时期，许国为楚国的附庸，同时又为郑国所逼，曾有一些许氏族人迁往安徽，后来许国被楚国灭了，大多数居民还就地居住或是北上，定居在河北、河南两省境内，只有一小部分移居至湖北荆山和湖南芷江等地区。之后南北两地的许姓便在河北、河南、安徽、山西、陕西等地区广泛繁衍，后也是在魏晋连年战乱之际南迁的。唐时入福建，发展至江苏、浙江、广东等地。明朝时，一福建人名许冲怀，是进入台湾的第一人，后便有许多许氏随其而后了。

姓氏分布

现在姓许的人很多，也很普遍。据统计许姓现在在中国排名第 26 位，人数达 810 万人左右，占中国汉族总数的 0.63%。值得一提的是，这众多许姓人尤其华北和云南地区聚集居多，另外也聚集于甘肃中西两部分以及广东和福建的交界处。现居住在山东、江苏和云南等地区的许姓人口，大约占了许姓总数的 30% ~ 35%，而分布在河南、安徽、四川、浙江、广东的许氏占了将近 30%。

姓氏名人

许行：战国时期楚国文人，弟子众多，提出"贤者与民耕而食"的著名思想。

许衡：元朝年间理学家，与刘秉忠等定朝仪官制，与刘因、吴澄并称为元朝三大理学家。

许浑：唐朝著名诗人。代表作品有《咸阳城东楼》《秋日赴阙题潼关驿楼》《谢亭送别》《早秋》《陪王尚书泛舟莲池》《送段觉归杜曲闲居》等。

39

许道宁：宋朝著名画家。擅长绘画林木、平原、野水等景物。

许庚，当代著名博士、教授，我国鼻内镜外科学创始人；中山大学附属第一医院耳鼻咽喉科医院院长。

许地山：中国现代著名小说家、散文家、"五四"时期新文学运动先驱者之一。

二十一、《新编百家姓》之何姓

姓氏来源

　　据《通志氏族略》《史记·韩世家》等记载，何姓来源于韩姓，两姓实为一家。实际上，何为韩"音讹"而来，以上我们介绍韩姓时说过，春秋战国时有韩国大夫韩瑊，是周文王姬昌后裔，被秦灭国后族人改姓韩，并逃难到江淮，一次秦始皇南下出游渡河时被人袭击，怀疑是六国余党所为，便令手下杀绝六国后人。盘问瑊公姓氏时，其怕遭怀疑，正好逢天寒地冻之时，便灵机一动称自己姓寒，有自己是前韩国族人之隐含寓意。秦吏不解误认为是"河"。后来韩公得知秦兵实际上是来铲除六国后人的，心有余悸，幸被误以为姓"河"，此后为答谢此姓，便改韩为"何"姓了。此说为何姓最早的一支。后来又有少数民族改姓和其他姓氏改姓的情况。例如汉灵帝的皇后之兄，名何进，地位显赫，是当朝大将军，皇后同父异母的兄弟朱苗后来改姓何，

又如西域早期有此姓氏等。

【 姓氏繁衍 】

何姓的主要发祥地位于今江淮一代,尤其江苏和安徽两地,早期主要分布于江淮流域以北的地区。截至南北朝之前,何姓只要分布在我国北方,尤其在在河南、山东、陕西、山西、四川等地广为分布,并在当地形成了许多著名郡望。于晋永嘉之乱南迁并繁衍兴旺。唐宋年间,何姓继续发展,在各个领域都有人才辈出者,尤其是宋、元两朝的何氏文人居多,名声大噪,构成了一定规模的文化兴盛。或许南方文人数量居多,文化氛围良好,故在明、清两朝时期,不少何姓南迁,还在那里形成了不少世家名门,值得一提的是前清时,何氏在全国姓氏排名中名列前茅,仅次于陈、林、张、黄,可见当时发展之兴盛。

【 姓氏分布 】

当今何姓的人口达 1550 万人以上,在中国汉族人口总数中占 1.2%,排名第 17 位。何姓现在多见于南方,尤其在四川、湖南、广东聚集居多。

【 姓氏名人 】

何敞:东汉时期水利家、大臣。曾任侍御史,济南王太傅,曾设计带领旧渠修治,使田增三万顷,百姓拥之。

何休:东汉时期经学家,善于钻研经文。曾撰《春秋公羊解诂》《公羊墨守》《左氏膏肓》《谷梁废疾》等。

何进:东汉大臣,黄巾起义中作为大将军镇压农民军。后辅佐灵帝之少子断朝政。

何景明:明朝文学家。代表作《雍大记》《大复论》《四箴杂言》《大复集》等。

何绍基:清朝诗人、书法家。著有《说文段注驳正》《东洲草堂诗集、文钞》等。

何兹全：当代历史学家。

何泽慧：当代物理学家。

何麟书：当代橡胶业开拓者。

何其芳：现代诗人、散文家、文学评论家。

二十二、《新编百家姓》之吕姓

【姓氏来源】

吕氏来源有三。第一，出自姜姓，祖宗是姜子牙。吕氏部落是"四岳"中的其中一支，首领在夏时被赐于吕国，封吕侯，也就是吕尚姜子牙。被楚国所灭后后人称自己为吕姓。第二，据说春秋战国时期就有吕氏，是从魏姓中转化而来的。第三，鲜卑族叱吕氏、叱丘氏在魏晋南北朝时汉化转变为吕姓。

【姓氏繁衍】

之前所提姜子牙在吕国为诸侯，这吕国指的就是今天的河南南阳。吕国灭亡后，部分族人南迁湖北蕲春。蔡国吕国灭亡后的遗民居住在今河南南部地区以及安徽的北部地区。齐国吕氏的子孙有的迁往陕西、甘肃等西北省份繁衍。两汉时期在河北、山西、内蒙古曾发现过吕姓族人。三国时期，有吕凯、吕虔均的后裔迁往今山西永济县。南北朝发展至浙江、江苏等地。北宋有吕氏移居福建泉州以及漳州，后入广东。清代顺治康熙年间，曾居住在闽、粤两省的吕姓开始转向浙江、台湾等地，甚至到海外定居。

【姓氏分布】

当今吕姓分布广泛，总人口达 560 万人以上，占中国汉族人口总数的 0.47% 左右，进入前 50 名之列，位于第 47 位。河南、山东为现在吕氏人口较多的省份，占到吕氏总数的 31%，其次在河北、陕西、甘肃、江西、广西、台湾等省份中也分布广泛。

【姓氏名人】

吕不韦：战国时期秦国丞相，封为文信侯，称"仲父"，领导编著《吕氏春秋》。

吕布：东汉末年名将，封温侯。

吕雉：即吕后，汉高祖皇后。曾辅佐刘邦平定天下，刘邦死后曾代理朝政。

吕岩：即吕洞宾，唐朝时期人士，曾中举，为县令。后入南山学道，修身养性，不知所归，后人撰写八仙过海中曾写入此人。

吕瑞明：当代著名戏曲编剧，中共党员，曾赴日本进修，建国后为中国京剧院编剧、副院长，任中国剧协第四届理事。参与编著《杨门女将》《初出茅庐》《满江红》等。

吕振羽：当代著名历史学家。

吕叔湘：著名语言学家，主编《现代汉语词典》。

二十三、《新编百家姓》之施姓

【姓氏来源】

有关施姓的起源，一说上古夏朝时，有诸侯国叫做施国，位于当今的湖北恩施县，灭国后后裔便以国为姓。二说源自《姓纂》记载，即鲁惠公子施父尾生施伯，伯孙倾叔生孝叔，

惠公五代孙也，因氏焉，汉有博士雠。说的是春秋时期鲁国大夫，名施父，后人姓施，这是出于姬姓之说。三说商朝灭亡时，康叔在治理殷商遗民时候，其中就已经有人姓施。以上是施姓最主要的三种来源。另据传说，施有方孝孺后人改姓，明成祖时期方孝孺抗旨不肯起草登基诏书，被杀十族，有逃逸的族人改姓为施，取其偏旁"方"，寓意为方之后人。

【姓氏繁衍】

据前所述，施姓来源于鲁国，也就是今天的山东省境内。鲁国被秦所灭后，施氏族人流传到山东的大部分地区，并延至外省，在秦汉时期之前，就已经在河北、河南、安徽、江苏有

聚集之族人了。南北魏晋战争之时，亦大规模南迁，尤其在今浙江湖州地区形成比较大的聚集。盛唐时期，有一人名施典，本居住于河南，后南迁福建，这算的是进入福建比较早的施姓前辈了。宋朝有名为施炳者，带领族人从福建先后迁至周围省市，这使得后来福建和广东的施姓人口繁多。后闽粤一带的施氏为躲避元军，扩散于云南、广西、湖北、湖南、四川等地。明时有分迁于北方的，清有漂洋过海至南洋的。

【 姓氏分布 】

如今施姓已经遍布全国，虽然在《新编百家姓》中比较靠前，但是实际上人口数并不属于繁多。施姓现在的人口数大概有 210 万人左右，排名在 100 名左右，占全国汉族人口的 0.16% 左右。但是在南方，施倒算是一个常见大姓，尤其在江苏、浙江和福建这些沿海地区，这三省的施姓占施姓总数的 58% 以上。

45

【 姓氏名人 】

施璘：五代时期周画家，尤其擅长画竹子，有十幅《竹图》被流传至今。

施耐庵：元末明初的小说家，曾为官，后弃官从文，有《水浒》《隋唐志传》《三遂平妖传》等著作，其中《水浒》为四大名著之一。

施清：清朝文学家。代表作有《揽云集》《十三经同解》等。

施琅：清朝名将。曾任水师提督，协助开拓台湾，因有功，册封为靖海侯。

施光南：新中国乐坛上成就卓然的作曲家，代表作《月光下的凤尾竹》《祝酒歌》。

二十四、《新编百家姓》之张姓

【姓氏来源】

《新唐书·宰相世系表》有云："黄帝子少昊青阳氏第五子挥为弓正，始制弓矢，子孙赐姓张氏。"即，黄帝的儿子，名挥，发明的弓和箭，发明弓箭，又为官，后来子孙将"弓"和官名结合，成为张姓。这在《元和姓纂》也是有所记载的。当然，这只是张姓其中的一种来源。第二，是出于姬姓，即春秋时期晋国有一大夫，名解张，张侯，也称张氏。到晋国被瓜分，张氏子孙所迁都，有至于韩国的张氏，历代为官，故以出名。其他有关张姓的来源，都是出于赐姓和少数民族改姓了。例如云南南蛮被诸葛亮赐姓张，女真、匈奴、契丹等族人有改姓张的。

【姓氏繁衍】

据说张姓的起源在清河上游，也就是今河南、山西交界处的太行山脉地区，春秋时期，大部分的张姓聚集在今山西境内，战国时期晋国灭亡后的遗民迁徙到黄河南北地区繁衍生息。张姓的繁衍活动在汉唐时期达到兴盛，在黄河、长江流域周围，形成了许多名门望族。那个时候，张氏不仅仅聚集在南部两河领域，更有迁徙至东北、西北、西南地区的。宋元时期继续发展扩张，在中国的大多数省份都能看到张氏居民。

【姓氏分布】

张姓如今在中国排名第三，人口数量超过 8500 万人，占全国汉族人口的 7.1%，并且张氏的增长速度呈稳步上升趋势，增长的速度比中国人口增长速度还高。张氏人口繁多，分布广泛，但并不均匀。以长江为界，张氏人口分布呈现北多南少之状况，就北方来说，以太行山为界，东多西少。辽东半岛、山东半岛是张姓的高密集

人口地区。其中，河南、河北、山东、四川的张姓人口比较密集，占张氏总人口的 36% 左右；其次，黑龙江、辽宁、河北、河南、安徽、广东，约占 28%。河南为张姓的第一大省，光此一省张氏人口就占有 10% 左右的比例。

而移居海外的张氏，主要分布在美国、英国、法国、澳大利亚、印度尼西亚、泰国、菲律宾、巴拿马等国家。

【姓氏名人】

张骞：西汉时期旅行家。开拓汉朝通往西域的南北道路。

张衡：东汉时期著名科学家、天文学家。地震仪的发明者。

张飞：东汉时期的大将，随刘备起兵夺天下，人称"万人敌"。

张居正：明朝政治家、官居首辅，主持国政十年有余。任内推行"一条鞭法""考成法"。

张之洞：清末时期的洋务派首领，曾担任内阁大学士、湖广总督等职。

张爱玲：著名女作家，代表作有《传奇》《金锁记》《倾城之恋》等。

张伯苓：著名教育家，创办南开大学。

二十五、《新编百家姓》之孔姓

【姓氏来源】

　　孔姓是一个历史悠久的姓氏，来源众多。其中据《通志·氏族略》《史记·孔子世家》等记载，孔姓出于子姓。一说商的鼻祖契曾被帝喾赐姓为子，后裔成汤建立商王朝，字天乙，之后族人就把"子"和"乙"组合成孔字为姓氏的；二说纣王之兄微子启建立的宋国为子姓，后裔有宋国上卿正考父之子，名嘉，字孔父，被称为"孔父嘉"，他的后代便以孔为姓氏了。这是孔姓最早的一支。除此之外，春秋时期郑穆公后裔，一名为孔张的，后人有的便自称为姓孔。也有春秋陈国孔宁之后姓陈之说。另外，尚有其他姓氏改姓、少数民族改姓，在这里就不多冗述了。

【姓氏繁衍】

　　孔姓的发祥地位于今河南商丘附近。孔姓的第一次向东迁移，始于孔父嘉逃避至于鲁国。汉朝时，由于躲避战乱、调兵遣将之缘故，有孔姓迁徙至山东以及周边几个省区，当时孔姓已经是一个地位显赫的姓氏了。西汉年间，孔子襄任长沙太守调至湖南，后人便驻扎在此，后有发展到今陕西的。河北、河南、浙江、广东，在东汉的时候就发现有孔氏族人居住了，想必此姓迁移还是比较活跃的。宋朝靖康之变使孔氏有不少南迁者，

48

历经明朝，孔氏遍布北方的辽宁、山西，南方的四川、云南、江苏贵州等省份。清朝以后，全国各地都有孔氏之落地了。

【姓氏分布】

孔姓如今约有 377 万人口，占中国汉族人口总数的 0.3% 左右，排名第 72 位。孔姓分布全国，但尤其以山东、江苏、吉林多聚集，光是山东的孔姓人口就占孔氏人口总数的 60%。以上三省共占去孔氏总数的 73% 之多。

【姓氏名人】

孔子：名丘，春秋时期伟大的教育家、思想家、政治家。传说孔子有弟子三千，传播"仁"之思想。曾作《春秋》，整理编纂《诗》《书》等著名典籍。

孔仅：西汉时期的商人，后任大农丞、大司农。

孔融：东汉时期文学家，"建安七子"之一。

孔尚任：清初诗人、戏曲作家。代表作《桃花扇》。

孔庆三：中国人民志愿军一级战斗英雄，曾参加济南战役、淮海战役、渡江战役、上海战役等。在抗美援朝战争中壮烈牺牲。

孔令辉：中国乒乓球运动员，奥运冠军。

49

二十六、《新编百家姓》之曹姓

【姓氏来源】

曹姓来源有几种：第一，以官为姓，即安正，陆终之子，因大禹治水有功被赐予曹官，掌管收容的奴隶，后人姓曹。第二，以国为氏，颛顼帝后裔名安，曹姓，封于曹国（今山东省曹县），后来周武王将曹安的后裔封于邾国，被楚国所灭，后来成为曹姓。第三，出于姬姓，接上所述，周武王赐封曹挟的同时，也册封了自己的兄弟振铎，与曹邑，人称曹伯，后来建立了曹国，其后代就成为曹氏了。另外两种，一是曹操之父曹嵩改姓为曹；二是由匈奴、满族、蒙古族、藏族、瑶族等少数民族改姓而来。

【姓氏繁衍】

曹姓的发源地位于今山东省境内，并且在山东居住和繁衍了世世代代。经过很长一段时间以后，才发展到河北、陕西、山西、安徽等地。三国时期，便有人改姓为曹，例如曹操之父，是曹姓开始有些混乱了，改姓之时，其出于安徽，后人也姓曹，所以到了汉朝时期，曹姓主要分布于北方和安徽地区，并且繁衍旺盛。曹姓的南迁始于唐末时期的黄巢起义，为了逃避战乱，原本居住于北方的曹氏族人大举南迁江南，部分人至于福建漳州一带。南宋金兵将战场拉到南部，曹姓人纷纷逃散，多驻于浙江、江苏等地。据记载，光是河北真定曹彬之后裔就有四支十八房南迁，将近占据江浙的一半人口。曹姓人进去台湾应该

50

算是姓氏里非常早的一个了，在西周时期，有一支曹姓进入台湾，成为台湾高山族的一支族人。

【姓氏分布】

曹姓目前的人口总数已经达到 600 万人以上，占我国汉族人口总数的 0.57% 左右，在人口姓氏中排名 32 位，为大姓之一。当今曹姓以四川、河北、河南、湖北等省市曹姓人口居多，此四省占有比例 46% 左右；除此之外，曹姓在少数民族中也是很常见的一个姓氏。

【姓氏名人】

曹操：三国时代的著名政治家、军事家、诗人，本姓夏侯，后其父改姓为曹。曹操曾统一中国北部地区。

曹丕：即魏文帝，曹操之子。于三国时期建立曹魏政权。另善于诗歌创作，著有《燕歌行》《典论·论文》等。

曹植：即魏明帝，著名诗人，其代表作《七步诗》至今广为诵读。

曹霸：唐代著名画家，尤其善于画马。

曹寅：清代文人，曾为巡视两淮盐漕监察御史，代表作品有《楝亭诗钞》《续琵琶记》等，官至通政使、管理江宁织造、巡视两淮盐漕监察御史。

曹雪芹：清代著名作家，其《红楼梦》为四大名著之一，引领着一批批红学爱好者悉心钻研，反复赏读。

51

二十七、《新编百家姓》之严姓

【姓氏来源】

首先，据《中国姓氏寻根》记载："严是庄姓所改……魏晋时严氏有恢复庄姓的，于是形成庄严两家。"即，汉朝明帝刘庄，庙号显宗，为东汉的第二代皇帝。于是姓庄的人避名讳，所以改姓为严，魏晋时有人改回庄姓，出现庄、严两姓氏并存的现象。第二，战国楚庄王后裔，以谥号为氏，也就是出于芈姓，这在《元和姓纂》有所提及。第三，战国时期秦国有臣子受封蜀郡严道县（今四川省境内），后人便成为严氏。第四，古时便有严国，可查于《姓考》，严国子女在国度灭亡后故姓严。其余有改他姓为严之记载。

【姓氏繁衍】

由于严姓来源众多，并且多为改姓而来，所以一开始就广泛分布。东汉时期，严姓主要居住于山东、湖北、浙江、安徽四省，但在四川、贵州、云南省内也有严氏族人。魏晋南北朝时期，北方的严姓主要位于陕西和

甘肃,并在此两省形成著名郡望:即天水郡、冯翊郡、华阴郡。此外山西、河南也有族人居住。后北方多于战乱,黎民纷纷南迁,严姓也包括其中。

据史料记载,明清时期,严姓多聚集在安徽、浙江、江苏、福建等省份,云南、广东亦有姓严者。

【姓氏分布】

今严氏主要分布于中国湖北、浙江、江苏三省,其比例占全国严氏总数一半以上。全国严姓约有 225 万人左右,约占全国汉族人口的 0.14%,在当今中国姓氏排行榜中位居 112 之位,并不是非常常见的姓氏。

【姓氏名人】

严遵:西汉的哲学家。老子思想的追随者,并著有《老子指归》。

严仁:宋代诗人,代表作《清江欸乃集》等。

严羽:宋代文学理论家,代表作《沧浪集》《沧浪诗话》。

严复:清代启蒙思想家、翻译家。曾著有《侯官严氏丛刊》《严译名著丛刊》等,另翻译作品有《天演论》《中国教育议》等。

严顺开:国家一级演员,代表作品《阿Q正传》等,曾获得百花奖最佳男主角等奖项。

严凤英:当代黄梅戏表演艺术家,代表作品《小辞店》、《游春》等,中国共产党员,曾为中国文学艺术界联合会委员中国人民政治协商会议全国委员会委员。

严良堃:中国杰出的合唱指挥艺术家。

二十八、《新编百家姓》之华姓

【姓氏来源】

华姓来源有两支：其一是出自姒姓，也就是夏禹的后代，出现于夏朝。《姓氏考略》曰："夏仲康封观于西岳，曰华氏。"说的是天子仲康被赐封于西岳，也就是陕西华山，所以子孙便以地为姓。虽然我们尚不能查证那时候是否已经称西岳为如今的华山了，但是华氏子孙，与华山的渊源是无人否认的。另一支源自子姓，宋国考父被赐予华地，因此姓华，后人有华督、华元、华定、华亥等，这可在《名贤氏族言行类稿》中所查。实际上，无论是姒姓华氏，还是子姓华氏，都是出于祖辈颛顼帝的，只不过一个是颛顼的儿子契后人所建、一个是孙子夏禹后人所建，真可谓是殊途同归。

【姓氏繁衍】

华姓起源于今河南和陕西境内。春秋战国时期，华姓人繁衍至今湖北江陵、江苏苏州、河南淇县、山东淄博，也就是当时楚国、吴国、卫国和齐国的领地。宋国被瓜分后，华姓渐渐

迁徙至山东，或是南迁于江苏、安徽等省。两汉时期，山东、江苏、安徽的大部分地区已经常见华姓了。华姓也是永嘉之乱开始南迁以避乱的，很多华氏迁移到了湖北、浙江等地区。宋元至上海，并有入闽的华姓。明清时期，在中国西北、西南、东北和台湾已经广泛分布华氏了。

【姓氏分布】

华姓如今在中国人口排行中位居第 180 位，并不常见。华氏人口约为 67 万人以上，占全国汉族人口总数的 0.05% 左右。华氏主要在中国的华北地区分布较为广泛，尤其是吉林、上海、陕西、江苏这四省，这四个地区中，华氏的人口占华氏总人数的 62% 之多。

【姓氏名人】

华元：春秋时期的宋国大夫，执政 40 余载，忠心耿耿，为宋国提出很多建设性的意见和方案。

华佗：东汉末年医学家，发明麻沸散、五禽戏。

华峤：西晋时期史学家，曾任侍中，曾修撰《后汉书》部分卷宗。

华镇：北宋时期的大臣，又好诗文，著有《扬子法言训解》《云溪居士集》等。

华士奎：晚清著名书法家。

华蘅芳：清朝末年的数学家、翻译家。曾著有《行素轩算稿》一书，并翻译《代数术》《三角数理》《微积溯源》等书籍。

华罗庚：著名数学家。在数学很多领域都为中国做出了巨大的贡献，曾在清华工作，并自学数学，后留学英国剑桥，一生奋发图强，顽强不息。

55

二十九、《新编百家姓》之金姓

【姓氏来源】

金姓的来源主要有两支。其一，是出于黄帝之子，少昊。他得称号"金天氏"，意为对金子的重视，他后裔中的一支之后便一直沿袭金姓，由今山东曲阜起源，缓缓向南移动着；另一支则没有那么久远，是源自于匈奴中的一支金姓，名为金日，他投奔汉武帝，辅佐其左右，数年来尽心尽力从无过错，深受武帝宠信。后因其曾以金人祭天，故被君主赐封姓金。于长安兴旺，也就是今天陕西西安和咸阳一带。除了这两种比较主要的金氏支源，还有很多支是改姓而来的。

【姓氏繁衍】

根据金姓的来源，他的主要发祥地有山东、陕西、浙江、江苏省境内。战国时山东金姓南迁，至于江苏，并发展为望族。西汉时匈奴金氏祖辈金日，由于归汉而族人繁衍于陕西西安。魏晋南北朝期间，金氏繁衍到甘肃的很多地区。盛唐时，金姓为南北同时双向繁衍发展，为山西大姓，同时也是今四川成都的大姓之一。五代时期有大姓改姓为金的，立即增加了金氏的人口数量，此时金姓，在浙江、江苏尤为成规模。于宋南迁。明清时期，江苏、安徽、河南、湖北等地广泛地分布着金氏，并一直发展、扩散，后入粤、闽之地，并有至于台湾、海外者。

【姓氏分布】

如今金姓总人口达 380 万人以上，排名第 60 位。今日金姓分布主要为河南、浙江、江苏、湖北、四川和上海等地，这六省市金姓约占全国金姓总人口的 62%。另外在安徽、黑吉辽大部地区、山东南部、山西东南、江西北部、福建北端地区也比较密集。

【姓氏名人】

金忠仪：唐朝年间将军，不但英勇善战，并且擅长绘画。

金幼孜：明朝大臣，曾随从明成祖北征，著有《北征前录》《北征后录》等。

金圣叹：清初文学家、文学批评家。评判过《庄子》《离骚》《史记》《杜诗》《水浒》《西厢》，并著有《第五才子书》《第六才子书》《唐才子书》《必读才子书》《杜诗解》《左传释》《孟子解》等。

金岳霖：哲学家、逻辑学家，著有《论道》《逻辑》和《知识论》。

金克木：中国著名文学家、翻译家、梵学研究家。

三十、《新编百家姓》之魏姓

【姓氏来源】

魏姓来源，其一出于姬姓。一说毕公高受，即周文王第 15

个儿子，被赐封在毕地，后此地被西戎攻灭，他投奔到晋国，为大夫。后被晋王赐于魏地，其子孙以邑为氏。又说毕万后裔建立魏国，子孙以国为氏。其二，出于改姓，是战国时期宣太后异父之弟，本姓芈后改姓为魏；后又有南宋进士高氏改姓魏、明代进士李氏改姓魏的。

【姓氏繁衍】

魏姓最早是在今河南、山东、山西等地繁衍生息的，也有小部分位于湖北、湖南境内。后魏公之后裔，有名无知的，子孙主要在今河北定居。秦国统一天下时，魏氏有族人迁往陕西的，东汉至于江南。唐初随陈氏父子入闽，例如魏仁浦等，之后都在福建定居下来。唐朝也有魏氏迁徙于江西南昌者，其后代又分迁于广东、福建等地，后有咸丰年间出国至海外的，主要迁往美国、加拿大、印度尼西亚、马来西亚等国家。

【姓氏分布】

魏姓是我国历史悠久的一个姓氏，至今已有3000多年的历史。当今魏姓的人口大概有570多万人，占据全国汉族人口总数的0.45%左右，排名第44位。魏氏如今主要分布在秦川、豫冀两大块地。具体地说，即河南、四川、河北三省，占魏姓总人口的28%左右；湖北、陕西、山东、江苏、甘肃、安徽等省区，占据32%的人口。河南省为魏姓的一大聚集区，光是这一省，就聚集了将近10%的魏氏人口。

【姓氏名人】

魏无忌：战国时期魏昭王的幼子。在秦伐魏时，曾率领五国兵马挺身，救魏，大破秦兵，从此便声名大噪。为人贤厚，英勇善战。

魏延：南郑侯，三国时蜀汉名将，征西大将军。

魏征：初唐时期的谏议大夫，以直言敢谏出名，深受唐太宗李世民信任，后封其为郑国公。

魏巍：当代散文作家、小说家。代表作《谁是最可爱的人》《东方》。

三十一、《新编百家姓》之陶姓

【姓氏来源】

陶氏之起源众多，达6种，但概括所述，为以下几点：第一，出自尧姓。一说尧在为首领之前是以制造、加工陶瓷为生的，故以业为氏，《姓苑》中可查，二来自《辞源》所述，即尧帝曾被赐封于陶，子孙以邑为氏。第二，以官为氏。历史记载，虞舜后裔孙虞思，在西周年间曾为陶正之官职，也就是管理陶器的官，后其有子，依然继承此职业，久而久之，其后代便以"陶"氏相称了。第三，职业之为姓氏。也就是以铸陶和炼陶为生的职业，在商朝多见，这在《风俗通》有所记载。第四，唐朝时期，姓唐的人中有为了避讳的，由于"唐""陶"读音相近，干脆改姓为陶。其他支系均为少数民族改姓而来。

【姓氏繁衍】

陶姓起源于今山东

定陶。周朝少有此姓，直到春秋战国时期，在河南兰考一带发现陶氏族人在此居住，并不断繁衍至济阳，成为著名都郡。西汉时有陶姓因仕途而奔于长安，也就是今陕西省境内，并世代在此定居，为陶青、陶舍。陶氏的南迁始于两汉时期，逐渐在江苏、安徽等长江以南的地区驻扎，后慢慢进入湖南。南宋时期战火连连，这加速了南方陶姓的扩散，至于湘、鄂、闽、粤、桂等地。明朝时期洪洞陶姓被分迁于北京、河北、河南、江苏、安徽等地区；而湖北、湖南的陶姓"填四川"，迁入四川、云南、贵州。

到了清朝，全国各地均有陶姓的足迹了。

【姓氏分布】

现陶氏人口已达 350 万人左右，占中国汉族人口总数的 0.16%，排名第 106 位。其中以江苏、浙江、上海居多，约占陶姓总人口数的 23%；湖北、湖南、广西、江西也是陶氏较为密集之地，贵州、云南紧随其后。然而华北、华南地区陶姓分布较少。

【姓氏名人】

陶侃：东晋时期大将，曾任武昌太守、荆州刺史等职。为官几十年，勤勉于政，不饮酒不好赌。

陶渊明：东晋时期著名诗人、文学家。是陶侃的后裔。曾有官职，后不满当政而辞职。善于诗文，有些至今仍然流传甚广，他的代表作有《归去来兮辞》《饮酒》《桃花源诗》《咏荆轲》《读山海经》等。

陶行知：民国时期著名教育家，曾在美国留学，回国后潜心研究教育，曾筹办育才中学，历经百年培育人才无数。他曾有《中国教育改革》《古庙敲钟录》《斋夫自由谈》《行知书信》、《行知诗歌集》等著作。

三十二、《新编百家姓》之姜姓

【姓氏来源】

姜姓最早源于神农，是中国最古老的姓氏之一。据《水经注》记载："岐水，又东迳姜氏城南，为姜水。"，即远古神农氏，出生在靠近姜水河畔的地方（今陕西岐山），所以用姜作为自己的姓氏。又有《通志·氏族略》云："亘庭昌唐上元中准制改为姜氏。"由此可见姜氏来源中有他姓更改来的。

【姓氏繁衍】

古老的姜姓在历史的繁衍中分布于大江南北。除刚才所提姜水位于今陕西省岐山县外，夏朝时期，发现有一支姜氏部落族人居住于甘肃敦煌。姜姓在汉朝的时候逐渐迁至今河南、山东，并在此发展为大族。据说东汉时有一人名为姜诗，居住于今四川射洪县，在当地比较有名气。唐宋时期，姜姓已经分布于今河南、河北、山东、浙江、江西、安徽、广东等地，明清繁衍更为旺盛，陕西、山西、贵州、湖南、福建等地均有姜姓族人聚居。

【姓氏分布】

如今，姜姓的主要聚集地分布在河南省境内，是个典型的北方姓氏。然而就南方来说，广东省内姜姓人口数量也是不可忽视的，占姜氏总数的13%。除以上两省外，河北、山西、甘肃、四川、浙江、江苏、江西、安徽的姜氏人口也比较多。而沿海地区，例如海南、广西等的姜姓分布相对较少。

||【姓氏名人】||

姜尚：即姜子牙，民间也称姜太公。是商朝末年时姜族的首领，曾协助周武王讨伐大商，作为军师，立下大功，后来被赐封在齐国。

姜维：三国时蜀汉将领。

姜夔：南宋著名词人、音乐家，曾做官。擅长诗文、精通音乐，代表作品有《扬州慢》《白石道人歌曲》。

姜才：南宋著名将领，英勇善战，为南宋立下了汗马功劳。

姜彭：清朝初年著名书画家，尤其以画羽毛见长，生动活泼，惟妙惟肖。

62

三十三、《新编百家姓》之戚姓

||【姓氏来源】||

戚姓的来源并不复杂，据说有三。第一，来自姬姓，即春秋时期卫国的大夫孙林父，由于立有功劳，所以赏赐其戚邑，也就是今天的河南省濮阳这个地方，孙林父的后裔有一支便以地为氏，流传下来。这段历史在《万姓统谱》中可以找寻得到。第二，据说春秋时期宋工族的后代中有姓戚的，即戚姓来源于

"子"姓。第三，是由少数民族改姓而来。清满族入关姓氏汉化，便有从景颇族泡戚氏改为戚氏的。

【 姓氏繁衍 】

河南濮阳，也就是上述中封于孙林父的戚地，是戚姓的发祥之地。卫国灭亡时，有后裔族人逃避到山东、江苏境内的，这可由后汉高祖刘邦的宠妃戚夫人得知，其祖籍济阴，也就是说当时山东境内已有戚氏，据查证，当时亦有戚姓落户在陕西西安。到了魏晋南北朝之前，戚姓便在江苏、山东间得以繁盛的发展，人口众多，并形成当地大族，后来分迁于安徽、江苏和浙江等地区。隋唐时期，戚姓广泛分布在黄河中下游地区，山西、河北均有戚姓族人居住。唐末战争之际，不少戚氏南迁，后主要聚集在了浙江和江苏，也有少部分的族人在四川、江西、湖南、湖北成零星散状居住。南北宋时，浙江金华，以及江苏常州为戚姓的主要聚集之地，并且数量剧增，也涌现出很多戚姓名人。后逐渐传播于广西、云南等华南和华东地区。本居住于山西境内的戚姓，在明朝时分迁于河北、河南、山东、湖北、陕西等地区，而湖北、湖南的戚姓又逐渐蔓延至四川、重庆。明末戚姓中就已经有远赴台湾者了。北方位于山东境内的戚氏，在清朝康熙年间继续向北蔓延，直到进入东北三省定居下来。

【 姓氏分布 】

戚姓人口至今已经突破 36 万人，占全国汉族人口总数的

63

0.04%，戚姓在全国广泛分布，尤其在山东、浙江、江苏三省多有此姓聚集，这三省的戚姓数量占全国戚姓总数的65%之多。虽然戚氏现在已经遍布全国，甚至也不乏迁居海外者，但是无论是在大陆、还是港澳台及海外地区。戚姓都算不上是一个人口众多的大姓，均未列入前100名之列。

【姓氏名人】

戚衮：南朝陈学者，梁武帝期间的太学博士，后升为江州刺史，熟晓《三礼》，曾著有《周礼音》等典籍。

戚同文：宋代著名学者，门人众多，也包括著名诗人范仲淹，擅长诗文。著有《孟诸集》。

戚仲：宋代画家。他的名作《江潮涌月图》保存至今。

戚文秀：宋代画家，代表名作有《清济灌河图等》。

戚继光：明朝著名将领，伟大的军事家。于明朝嘉靖年间带兵出征，曾多次剿灭倭寇有功，曾著有《纪效新书》《练兵纪实》《止止堂集》等。

戚学标：清代学者。乾隆年间曾中进士，后任河南涉县的知县。代表作有《汉学谐声》《鹤泉文钞》等。

戚发轫：中国当代科学家、航空设计师、研究者，著名的神舟飞船的总设计师。

三十四、《新编百家姓》之谢姓

【姓氏来源】

有关谢姓的来源有三种说法。一说谢姓出自姜姓，祖宗为炎帝后裔申伯。炎帝住在姜水畔旁所以姓姜，其后裔有一个叫做伯夷，是孤竹君的长子，在商朝时与齐叔一起投奔周，反对武王灭商，逃往首阳山，后死。伯夷的后人仍留在周朝，在成王继位的时候，封为申侯，也称为申伯，申伯之女在厉王

的时候为宠妃，并诞下太子宣王。宣王继位后，赏赐其舅申伯于谢国（位于今河南省境内）。后谢国被楚国灭后，子孙四处逃散，便以原来的国名为姓氏。二说谢姓出于任姓，黄帝之后。黄帝有子25人，其中就有任姓一支，其中有谢国，后赐封于申伯，后人以国为姓。三说，有鲜卑族改姓为谢。

【 姓氏繁衍 】

夏商时期的谢国位于今陕西省境内，势力弱小，人口相对较少，大多是生活在姜水河畔附近。经赐封给申伯后被楚国灭亡，谢氏部分外逃，扩散到今河南和山东。到了春秋末年，甚至在湖南和四川都可以见到谢氏族人的踪迹，而这几支分布于南部的谢氏，后来又进行了分迁，一支至于蜀郡，扩延至陕西；一支迁徙到云南永昌；另外还有到四川彭水和贵州的。其中永昌的谢姓到后来经过不断的繁衍成为名门旺姓。经过了隋唐和汉代，谢氏在人口上不断增长，聚集地更有所增加，至于会稽、九江，人丁旺盛。晋末之乱又使之前北部的谢姓中有相当一部分进行南迁。盛唐时期，谢姓已经多见于福建、广东、湖南、江西，有的在当地颇有名气。至于明清时候，北部谢姓继续向上延伸到东北三省，而东南沿海地区的谢姓不断占据长江以南的大部分省区，有的迁入台湾和海外。

【姓氏分布】

当今谢姓在中国姓氏人口中位于第 24 名,谢氏人口总数占全国汉族人口总数的 0.27% 左右,人数过百万人,遍布大江南北。而江西、四川、湖南、广东四省的谢氏人口总数就占全国谢氏的45% 以上,可见谢姓如见呈现北少南多的局面。北方来说,谢氏发祥地河南中部,南阳、唐河两地,谢氏足有 3000 多户,将近13000 多人。当然在众多少数民族中也不乏谢姓的,这些人主要还是分布在广东、湘西一带,除了世代居住在辽东地区的满族。

【姓氏名人】

谢安:东晋时期官员,在孝武帝时为宰相,曾大败前秦苻坚,使晋国转危为安。

谢赫:南朝齐国著名画家,擅长人物画风俗画,曾著有《古画品录》,是我国最早一部绘画理论书籍。

谢灵运:南朝著名画家、文学家,曾为永嘉年间太守,擅长诗文,主要是以刻画山水居多。

谢清高:清代航海家,著有《海录》,保存至今。

谢婉莹:笔名"冰心",现代作家、翻译家、儿童文学作家、散文家。

三十五、《新编百家姓》之邹姓

【姓氏来源】

邹姓的来源主要是由两支组成的。第一是来自春秋时期的邾国（又称邹国），是颛顼帝的后裔。邾国，即邾娄国，是颛顼帝的后人在周武王灭商后所得的赐封之邑，是鲁国的附属之地，后来鲁国穆公改号，为邹，即邹国，其被楚国歼灭以后，有的子孙便姓邹了，当然

还有其他的一些后人称自己姓朱，寓意原为"邾"国国民。邹姓的第二支来源于子姓，也就是宋愍公的后人。一说，被封邑于邹这个地方，后生子孙，便为邹氏，这见于《元和姓纂》有详细描述。二说邹商的后裔有宋国，宋愍公被赐封于邹邑，后邹姓便由此产生。齐国有邹衍等人，据说就是这支的后裔族人。

||【 姓氏繁衍 】||

之前所提及的邾国，实际上位于今山东省境内。西汉年间迁至河南，繁衍旺盛。也是东晋战乱时期邹姓开始大举南迁的，其中有一部分族人，在今安徽、江西、浙江、江苏一带定居。邹姓后裔一支在唐朝随陈氏父子入闽开辟漳州，有些便留下来安家落户了。据史料记载，北宋时期在广东见有邹氏居住，到了南宋，有一官员，名邹应龙，因参加政事故前后驻扎于福建、广东、广西等地，其后代也在这几个地方繁衍并不断扩散。

||【 姓氏分布 】||

现如今邹姓人口已超过 400 万人，在中国排名第 67 位，是个常见大姓。邹氏人口总数占全国汉族人口数量的 0.33%。在天津、湖北、四川、安徽、江苏、浙江多聚集邹姓，以上这几省占据邹姓人口总数的 65% 以上。除此以外，山东和江西也有

67

着很多邹姓居民的聚集之地。

【姓氏名人】

邹衍：战国时期的齐国人，著名的思想家。是五行学说的创建者。

邹忌：战国时齐国大臣、政治家，曾被齐王册封为成侯，整顿军纪，立法严明。

邹阳：西汉时期的文学家，齐国人，代表作有《上吴王书》《狱中上梁王书》等。

邹浩：宋朝大臣、诗人，曾为官，任大学士、兵部侍郎，著有《道乡集》。

邹亮：明代学者，著有《鸣珂》《漱芳》等。

邹韬奋：当代著名的新闻记者、政论家、出版家，"七君子"之一，曾积极参与抗日战争。曾主编有《抗战》《全民抗战》等刊物。

三十六、《新编百家姓》之喻姓

【姓氏来源】

据说喻姓的来源主要有两支。一是出于姬姓，即周宣王之弟姬友被册封为郑桓公，后裔分支，有一支被赐谕姓，这一支的后代谕猛，在东汉和帝时期，为太守，为官清廉，其姓氏"谕"和"喻"经常被人混淆，并且书写的时候，"喻"字更为简洁，故之后便改姓为"喻"了。第二支可以追溯到遥远的黄帝时期，黄帝有一医官，名俞柎，俞柎的后代自然也姓俞。其后裔中，有一个叫做俞樗的，是南宋建炎时期的举人，擅读书、知晓天下，深受君主宠爱，并以其"样样知喻"，赐封于他本来姓氏就相近的"喻"姓，后来便有了喻氏。

【姓氏繁衍】

喻姓最早产生于北方，始于三国时期开始南迁的。两晋时其中有一支在南昌形成名门大族，据说是来源于郑公子渝弥后裔；另外一支俞姓便在河东郡（今山西）和江夏郡（今湖北）两地发展兴旺。南朝时期改名为"喻"姓之后，他们繁衍到安徽、浙江、江苏等地，几支喻氏支源渐渐融合，以后还是以南昌作为中心更为繁盛。唐宋两朝，喻姓已经遍布江苏南部和浙江中部、北部，例如湖北、湖南、四川、重庆、广东以及福建等省。并且后来由洪洞大槐树迁民于河北、河南、山东、陕西等地。

【姓氏分布】

无论是在中国大陆还是港澳台地区，喻都不算是一个常见大姓，均未进入姓氏之前 100 名。现在喻姓在全国有人口 118 万人左右，占全国汉族人口总数的 0.09%，排名 230～250 之间。其中四川、湖北、江西、贵州多见于喻姓，其他地区相对稀少。

69

喻皓：北宋初期建筑家，擅长搭建，曾负责设计和建造开封开宝寺塔、杭州梵天寺塔等。著有《木经》，主要记录了古代建筑手法，现在已经失传。

喻樗：南宋时期官员、学者。曾担任工部员外郎、大宗正丞等职位，治绩良好，撰有《中庸大学论语解》《玉泉语录》等著作。

喻昌：清朝医学家，著有《尚论篇》《医门法律》《寓意草》等医学典藏。

喻宜萱：当代女高音歌唱家、声乐教育家。

三十七、《新编百家姓》之柏姓

【姓氏来源】

柏姓，是个比较古老的姓氏。据《尚友录》记载："古柏氏之后。"这说的是上古时期东方部落的首领柏芝，曾是伏羲的助手，因做了很多利国利民的好事，为人谦和，德行高尚，所以深受百姓的拥护，人称"柏皇"。后来子孙以宗族的号作为姓氏，为柏氏。而《姓氏考略》曰："春秋柏国，为楚所灭，子孙以为氏，望出魏郡。"也就是说，春秋时期有柏国，后来亡国后，国家的子民便称自己为柏氏。

【 姓氏繁衍 】

上古时期，柏国的领地，也就是柏氏的发源地，位于今河南省西平，其中有一个柏亭，到现在还可以找寻得到。春秋时期，楚国灭柏，子孙纷纷逃散，到魏郡和济阴郡落足，此二郡也就是今天的河南省和山西省，发展到三国时期，人丁十分旺盛。南北朝至隋唐时期，战火连年，因柏姓正处于战争要害的地域上，所以南迁是在所难免的，一些族人后来定居于安徽、浙江、江苏、湖南、湖北、四川等地，但也只是零星散居，未成规模。而留在北方的一直繁衍生息，子孙无穷，直到唐朝也是如此。后遭遇安史之乱以及黄巢起义，使得南迁柏姓瞬间增多，不但分布华南、华东，甚至进入云南、贵州也不乏柏姓，后来南方柏氏以湖南、安徽，北方以山东为发展之中心。清朝时柏姓北至东北三省，西有迁徙于西北者。

【 姓氏分布 】

柏姓人口稀少，人口不过 100 万人，比例只占全国汉族人口总数的 0.03%，柏姓如今主要分布地尤其以山东、安徽、湖南居多，也就是之前我们提到的唐朝时期就形成的柏氏发展之中心，即便到了现在亦是如此。

【 姓氏名人 】

柏良器：唐朝将领，少时就开始从军，一生参加战役不下 60 场，青年时期就为朝廷立下汗马功劳，后封为大将。

柏丛桂：明朝洪武时候的官员，上奏修葺槐楼，以防止水患，后来河堤完成后，他深受百姓爱戴，流芳百世。

柏文蔚：曾参与辛亥武昌起义，曾为国民党中央执行委员。

三十八、《新编百家姓》之水姓

【姓氏来源】

水姓是一个来源比较复杂的姓氏，简而言之，可以概括为几种：第一，出于姒姓，即大禹后人。大禹治水，带领氏族迁往会稽山，也就是今浙江绍兴，其族人在治水过程中多为水工，也就是治水的工程人员，后来治水成功后，大禹便把一后人留在了会稽山，这个族人后来便自称水氏。第二，黄帝时期有共工，即管理水利的官员，遂后人以官名为姓氏。第三，战国之前有很多小的诸侯国，他们在战争中被强势的大国所吞并，遗民逃逸有傍水居住的，便以水为姓氏。第四，有其他改姓而来，最典型的就是有一复姓，名水丘氏，后来经过简化而成水氏。

【姓氏繁衍】

正如之前所说大禹治水后留下后人在会稽山，故今浙江绍兴，也就是水姓的发祥之地。水姓，虽然来源众多，但都离不开实物"水"，或多或少都与水有所渊源，所以他们的繁衍也大多数傍水而聚集，大多数水姓的后人都在浙江省境内发展，持续了很长的一段时间。清朝时又有改姓水者依旧在浙江，尤其是在吴兴县和临安县发展十分昌盛，并形成水之望族。

【姓氏分布】

水姓人口十分稀少，未曾有具体数据之水姓人口。水姓在全国各地都有分布，但仍以南方为主，尤其是其起源地浙江省境内能够见到此姓。

【姓氏名人】

水乡漠：明朝万历年间的进士，曾任知县官职，为人清廉，后为官之时积劳成疾后吐血殉职。

水苏民：明朝官员，以清廉而得名。

水均益：中央电视台新闻频道记者、主持人。

三十九、《新编百家姓》之窦姓

【姓氏来源】

窦姓来源，一说出于姒姓，据《新唐书·宰相世系表》记载，夏帝太康厌恶朝政，每天只喜欢到处游玩打猎，民生怨恨，穷国的君主羿听说后便在太康外出游玩时困住他，并将其软禁起来。跟随太康出游的还有其弟、其母，发现太康失踪，其众多家人便守在黄河附近安顿下来等候太康。谁知许久后也不见人影，后来连他们自己也被穷国人所抓了。这时后缗正是临近产期便从窦（地穴）之处逃出，生下少康。后来少康继位后为纪念这件事便使其儿子姓窦。这便是窦姓最主要的来源，另外窦姓还出于其姓更改而来。例如氏族、鲜卑族就有改姓的历史记载。另有魏国窦公之后为窦氏之说。

【姓氏繁衍】

窦姓起源于今山东省境内,历经很长时间才有迁徙到山西、河南。后汉朝文景帝时,有一位窦氏皇后,她是汉文帝的妻子,汉景帝的母亲,她把持朝政一直到汉武帝年间。由于她的缘故,使窦姓大大发展兴旺,名声也响亮了不少。她不但将自己的兄弟姐妹亲戚族人各个封王封侯,连死去的窦姓也追封了,这

使窦姓一时之间变成了名门望族。到明帝时,窦家同时在朝为官,侯爵两名,驸马三名,可谓声名大噪,窦姓人丁兴旺,发展昌盛,到了南北朝两晋时期已经遍及黄河中下游各个省内,并且有一支迁徙到北京和辽宁一带。唐朝时期,窦姓人才辈出,官员中不乏此姓,唐末时期窦姓南迁,居住于境内江苏、浙江、湖南、湖北、安徽等地区。宋明清使这些迁往江南的窦氏进一步得到发展,并有分迁到山东、河南、河北和天津等地的族民。

【姓氏分布】

现在窦姓在全国排名第219位。而窦氏的分布尤其以江苏居多,光是此一省的窦氏人口就占窦姓总人口的21%,约有30多万人。而北方地区也有窦姓分布,只是不那么常见了。

窦太后：西汉文帝皇后。

窦婴：西汉大臣。窦太后之侄，曾任大将军、丞相。

窦师伦：唐代丝绸纹样设计家、画家，融汇其他国家的一些设计手法，创新很多奇异的绫罗图样。

窦光鼐：清朝时期大臣。乾隆年间中进士，为官，曾任内阁学士、左副都御史。有《东皋诗文集》《省吾斋稿》之作。

四十、《新编百家姓》之章姓

75

【姓氏来源】

　　章姓出于姜姓，祖先是西周的开国功臣姜子牙。之前我们提到，姜子牙被赐封于齐，建立诸侯国齐国。齐国有一个附庸之国，为鄣国。后来姜子牙把鄣国分封给后人庶子，直到鄣国灭亡，原居住在这里的人们为了纪念原来的国度，干脆去"阝"留"章"，姓章氏。这段历史在《通志·氏族略》《元

和姓纂》等历史典籍中均可查证，当然有记载说，章姓出自于妊姓，即黄帝册封的十二个基本姓氏之一，历史可以追溯到几千年前。其他来源的章姓，多为避仇改姓之，或是少数民族汉化改姓而来的。

【姓氏繁衍】

章姓的迁徙繁衍始于公元前 664 年，今山东省，战国时齐国的领地上，有将领名章子。西汉初年，秦朝将领有章邯、章平兄弟和后裔居住于今江西南昌、江苏扬州，并于后来进入蒙古以及陕西等地。南北朝时期，章姓逐渐发展到河北，使河间变成了名门望郡。章姓到了隋唐时期已经遍布于南方的大部分省市了，例如四川、浙江、安徽、福建。两宋时与其他姓氏一样呈现北往南走的局面，这更使南方的章姓数量倍增。章姓于清朝初年分迁各省，并有进入台湾和海外的。

【姓氏分布】

章姓现在在中国排名第 118 位，总人口占全国汉族人口总数的 0.12%。章氏分布较为广泛，尤其以湖北、江西、浙江三省多聚集此姓氏，三省中的章氏人口占章氏总数的 64%，它也是个典型的南方姓氏。

【姓氏名人】

章邯：秦朝将领。曾镇压陈胜、项梁起义军，立下战功。

章悦：北宋时期大臣。曾协助王安石实行新政。

章溢：明朝初年大臣。曾任御史中丞，朱元璋器重之臣。

章煦：清朝大臣，乾隆年间进士，曾任大学士、军机大臣等要职。

章学诚：清朝著名思想家、史学理论家、方志学家。曾著有《文史通义》《史籍考》等，并协助编纂《续资治通鉴》等史书。

章炳麟：近代民主革命家、思想家。曾参加二次革命、维新运动和护法运动,参与组建光复会。善于写作,代表作品有《章氏丛书》《章氏丛书续编》《章氏丛书三编》等。

　　章士钊:近代民主革命家、教育家。解放后担任全国政协委员,文史馆馆长等职,著有《甲寅杂志存稿》《名家小说》《逻辑指要》等。

四十一、《新编百家姓》之云姓

【姓氏来源】

　　云姓的来源有三。首先,据《路史》、《广韵》等记载:"颛顼后,妘姓之分有云姓。"说的是,颛顼帝的后裔有一名为陆终的,他的第四子,姓妘,后来分化出一支姓氏,简化为云,即云氏。其次,云姓的另外一个来源是出自帝喾祝融之后。祝融之后曾被赐封在郧地,也就是今湖北郧县这个地方,后该小国被出所灭,子孙以国为姓,简写为"云"姓。这可见于《说文》记载:"妘姓,祝融之后。"所讲的就是这段历史。最后,有他姓改为云姓,例如鲜卑族有牒云氏,随孝文帝南迁是改为"云"姓。

【姓氏繁衍】

　　对于云姓的繁衍迁徙,未曾在史料中找到详细线索。只能根据云氏的来源推测出其发源地位于今陕西省境内,几千年来,此姓一直存在,从未销声匿迹。而可以从史书中找出的,只有有关云氏从发祥地一直扩散蔓延至今山东南部的郯城、临沂、胶南，史称琅琊，以及今河南洛阳一带，并且在这两个省内发展兴旺，有当地望族之说。

【姓氏分布】

云氏人口稀少，在中国大陆甚至没有进去前300名之列。而今山东、河南和海南岛的文县可以说是云姓聚居相对较多的省市。

【姓氏名人】

云定兴：隋朝大将军。

云海：宋朝时代官员，曾中进士后为官，至总管职。

云从龙：宋末进士，曾征召出战，封为怀远大将军，广东琼州安抚使。

云景龙：宋朝官员，据说不畏强权，为官英明，行善于民，所在之地社会安定，后辞官。

云肇基：宋末年间的进士，曾为琼州安抚使，为进入琼州比较早的云氏。

云于熙：清朝文人，善于读书，修身养性，为人谦和，有《心性图》之作。

云志达：清朝乾隆年间官员，曾为潮州府教授，公正不阿，为人正直。

云崇维：清朝文人、画家。著有《除邪篇》《仪礼杂著》等书。

云振飞：清光绪年间人，曾加入同盟会，组织敢死队、实进会等。

四十二、《新编百家姓》之苏姓

【姓氏来源】

据说，苏姓来源于己姓，即出自颛顼高阳氏，其后裔有一人名为陆终，陆终的第一个儿子，己樊，被赐封在昆吾一地，所以人们也称他为昆吾氏。昆吾的儿子被赐封在苏这个地方，建立了苏国，所以后裔便姓苏了，到了几代后的周武王时期，有一人名苏忿生，由于建国有功劳便被赐封在温县，由于自己姓苏，所以建立的小国，名苏国。后苏国被灭，后人便有此姓氏了。而苏忿生由于为苏国之主而成名，被视为是苏姓的祖宗。第二，也说苏姓有外族改姓的历史，例如辽东乌桓部的苏姓、满洲八旗的苏佳氏等。

【姓氏繁衍】

据记载，苏姓发源于河内，于秦朝时有一支苏姓迁徙到今湖北、湖南境内，另一支迁至河南洛阳，这可见于战国时期在洛阳有苏秦等三兄弟。西汉便在杜陵、平陵、北海、桂阳等地有所分布了，也就是今天的山西、江苏、广东、湖南等地。西晋年间，其中两支苏姓，分别迁往襄阳（今湖北襄樊）以及蓝田（陕西省西安市）。东晋的中原大规模南迁，其中也包含了一批苏氏族人，在江浙一带安家落户。苏氏首次进入四川是在唐朝年间由本居住在赵郡的一支开始的；同时，原来河南苏氏

79

也随陈氏父子进入福建，发展成当地望族。宋朝由于战乱，百姓四下里逃窜，苏姓亦如此，被扩张到了湖南新化、广西、云南，甚至是周边国家老挝、越南、泰国的，此后有迁徙至更远的苏姓，至于美国、东南亚等地区。

【姓氏分布】

如今苏姓在中国分布极其广泛，总人口超过560万人，占据全国汉族人口的0.47%，排名第21位，是个常见的中国大姓。而苏姓在广东、广西和华北地区多为聚集，光是广东一省境内的苏姓人口，就占苏姓总人口的20%以上。

【姓氏名人】

苏洵：北宋时期文学家，"唐宋八大家"之一，代表作品为《衡论》《辨奸论》《管仲论》《权书》等。

苏轼：北宋时期文学家。号东坡居士，是苏洵之子。曾为进士，后多次被贬，也是"唐宋八大家"之一。代表作品为《东坡七集》《东坡乐府》《东坡易传》《东坡书传》《赤壁赋》等。

苏颂：宋代天文学家、药学家，曾著有《新仪象法要》《图经本草》，对后人在天文仪器的研究以及药物考订方面做出很大的贡献。

四十三、《新编百家姓》之潘姓

【姓氏来源】

《史记·楚世家》提到，说有潘崇在楚穆王继位时候协助有功，被封太师，后人自然也随他的姓氏，姓潘。追根溯源，潘崇为楚国的公族子弟，正是颛顼后季连之子，楚文王的后裔，季连被赐姓芈。所以，可以说潘姓出于芈。另一来源，是周文王后之孙伯季的后人，被赐封在潘邑，后子孙姓潘，也就是说，这支出自于姬姓。还有说上古舜帝的后裔在商朝时建立潘子国，虽被周文王所灭，但是姓氏却是得以保留下来的。还有少数民族改姓、赐姓，例如鲜卑破多罗氏曾被北魏孝文帝改为潘氏，台湾高山族被康熙赐姓为潘等。

【姓氏繁衍】

春秋战国时期的潘姓族人，主要生活在今湖北境内，有的已经向湖南、山东等地迁移了。据说汉朝至三国时期。潘姓是荥阳郡的一大望族，就是早期的潘姓北迁到河南去发展的。东汉时期有一人名为潘乾，因仕途原因南下江苏，成为江苏潘姓的鼻祖。而孙权的妻子潘夫人，为浙江会稽人，可见三国时期潘姓已经发展至江浙一带。晋朝年间，潘才奉命作为广宗太守，带领其族人迁往今河北省境内，后来者一支发展旺盛，在当地成了望族。同一时间，有潘姓迁往广东的。唐宋时期，潘姓已经进入福建、四川、湖北、浙江等南方大部分地区了。北方有内蒙古、河南、河北等地。

【姓氏分布】

如今，潘姓已经是中国排名在 52 位的大姓了，人口众多。潘姓的人口占全国汉族人口总数的 0.42%，潘姓，在内蒙古、河南、安徽、江苏、浙江、湖北、四川、广东是极为常见的姓氏，光是此八个省份所聚集的潘姓人口就占潘氏总人口的 69%以上。

【姓氏名人】

82

潘岳：西晋文学家，善于诗词歌赋，独具文学才华，代表作品有《闲居赋》《悼亡诗》，至今为世人传颂。

潘美：曾任北宋检校太师、忠武军节度使等职位，宋初，曾追随宋太祖平定叛臣李重进，率军灭南汉、南唐、北汉。

潘韬：清代将领，乾隆年间曾任闽浙督标水师营参将，守护台湾。

潘天寿：当代画家、美术教育家。曾担任中国美术家协会副主席、浙江美术学院院长。尤其善于描画花鸟以及山水景色，代表作品有《中国绘画史》《听天阁画谈随笔》《治印谈丛》等。

四十四、《新编百家姓》之葛姓

【姓氏来源】

葛之来源，一说出于嬴姓，即黄帝之后裔有封地于葛的，后人以地为姓，这可见于《孟子·滕文公》所记载；二说远古时期就有部落，名葛天氏，其后世子孙简化为葛姓；三说有改名之历史记载。

【姓氏繁衍】

河南是葛姓的起源，这是被大家所认同的。葛姓在中原地区繁衍发展了很长的一段时间，周成王时在四川发现有葛姓的足迹，因为那时候的一位羌族人，名葛由，就居住在四川至峨嵋山一带。新莽时，原居住于河南的葛庐南迁到句容，也就是今天的江苏省境内，后来发展成了名门望族，直到魏晋南北朝时期都兴盛不衰。而原来居住在北方的葛氏，这时候可谓饱受战争摧残，不少族人举家移居江南，更有

甚者，东晋葛洪携子至广州。隋唐时期，山东、山西、安徽、江苏、浙江、江西、湖南、湖北、福建、广东广泛地生活着葛氏，并以江浙在两宋时期为兴盛之大省，后由山西葛姓分迁，至于北京、天津、河北、河南、山东、陕西和江苏。

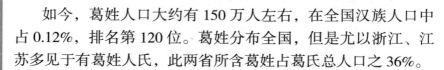

【 姓氏分布 】

如今，葛姓人口大约有 150 万人左右，在全国汉族人口中占 0.12%，排名第 120 位。葛姓分布全国，但是尤以浙江、江苏多见于有葛姓人氏，此两省所含葛姓占葛氏总人口之 36%。

【 姓氏名人 】

葛洪：晋朝学者，以儒术、养生而得名，又精通医学，著有《金匮药方》《肘后备急方》等典籍。

葛立方：宋朝诗人。绍兴年间进士，曾为官，代表作品有《西畴笔耕》《韵语阳秋》《归愚集》《归愚词》等。

葛林：明朝太医院官员。善小儿科，医术高超，曾治愈襁褓中的明武宗而名声大噪。著有《杏坞秘诀》。

葛云飞：清朝道光年间的武进士。为人廉洁、刚正不阿，曾抵抗英军坚持抗战后殉职而死。曾著有《制械制药要言》《浙海险要图说》《名将录》等。

葛士达：清朝官员，善于文学，有《从戎日记》《遂志斋集》等著作。

葛振林：狼牙山五壮士之一，跳崖后幸免于难。

葛存壮：当代著名表演艺术家，代表作品有《红旗谱》《小兵张嘎》《神秘的大佛》《大清炮队》等。

四十五、《新编百家姓》之奚姓

【姓氏来源】

奚姓来源有二：其一，出自上古夏禹时代，有一个造车的官员，名奚仲，在邱这个地方居住，后代以祖辈之姓为姓氏。正如《古今姓氏书辨证》所说的那样："奚姓出自任姓，夏车正奚仲之后，以王父子字为氏。"第二，出于少数民族改姓。据《路史》载：鲜卑族拓跋氏之后有奚氏。又据《魏书·官氏志》载："薄奚氏、达奚氏均为改奚氏。"

【姓氏繁衍】

奚姓起源于夏朝时期，经历了一千多年的历史发展，大多数族人仍然留在其发祥地山东境内发展，并有北迁至今山东昌乐、寿光一带的，同时，也有到今河南、安徽等地，例如春秋时孔子有弟子，名奚姓，是卫国人，我们提过，卫国也就是当今的河南淇县。到了汉朝初年，刘邦的追随者——奚涓、奚意、奚类均有记载，后来他们立功，并封地封侯，其中厌次侯奚类其六世、七世孙均被诏赐为关内侯，子孙就居住于今陕西西安。同一时间，繁衍于山东昌乐、安徽亳州一带的奚姓人丁兴旺，家族庞大，更发展为北海郡望、谯郡郡望，后以此为中心，逐渐在黄河中下游各省繁衍扩展。

奚姓始于汉末三国，当时已经有奚姓居民居住于今江苏、湖南省境，两晋南北朝时期，南迁加速至于今安徽、湖北、浙江等地。而北魏汉化而来的奚姓或留居故都，即山西大同，或随国都之迁移而入居今河南之洛阳、禹州等地，后来逐渐地与汉人融合。唐代时期，奚陟之祖由安徽迁居今陕西西安，后再迁江西。宋元两代，奚姓逐渐扩展，至于至今四川、福建、广东等南方省份。明朝时期奚姓分迁于浙江、江苏、湖北、湖南等地。

【姓氏分布】

如今，奚姓在中国姓氏人口中排名第228位，在上海、江苏、甘肃、浙江四省的奚姓就占据了87%之奚氏总人口。

【姓氏名人】

奚仲：夏王朝车正。

奚斤：北朝北魏将领。曾为兵部侍郎。因从征有功，出任晋兵将军、幽州刺史，赐爵山阳侯。

奚鼐：唐朝造墨专家。

奚冈：清朝诗画家、篆刻家。代表作有《冬花庵烬余稿》等。

奚颖文：清朝诗人、画家。代表作有《簪花阁诗》等。

奚啸伯：京剧老生。四大须生之一。表演注重刻画人物，唱法上长于喷口吐字，特别对"一七"辙的运用有系统的研究。

四十六、《新编百家姓》之范姓

【姓氏来源】

首先，范姓出于祁姓。据史料记载，尧帝之后裔杜伯，在商纣被灭亡的时候逃亡于杜国，后来无罪被杀害，其子隰叔逃往到晋国，做了士师，到他的后人士会，被封在范地，也就是今天的河南范县，后人以地为姓，由此诞生了范姓。因此，士会也就是范姓之始祖了。

除此之外，晋国时期有越南人改汉姓范、有金时女真人孛鲁术氏，汉姓有三，其一为范，另满、京、彝、阿昌、土家、蒙古、回等民族有此姓。

【姓氏繁衍】

据史料记载，唐朝时期，中原战火不断，河内范坤举家迁徙到浙江杭州，后又移居江苏、南京、又至福建宁化，是为范氏入闽的始祖。到了宋代时期，范氏在福建省得以兴盛发展，并涌现出不少人

才。除闽南，范姓还在广东很多地方有所驻扎，例如海阳、嘉应、

梅州、大埔、长乐、陆丰、饶平等都有此姓分支。

【姓氏分布】

如今，范姓总人口超过 460 万人，约占全国汉族人口总数 0.37%，在近十年的人口排名调查中，范姓一直位居前 60 名，其中 2006 年排名 51 位。范姓目前主要分布在河南、安徽、山东三省，大约占范姓总人口的 33%，其次集中于河北、江苏、四川、辽宁、黑龙江、山西，这六省又占 29%。河南省是范姓第一大省，约占范姓总人口的 17%。全国形成了河南、四川、辽宁三大范姓人口聚集区。

【姓氏名人】

范蠡：春秋时期著名政治家、军事家，越国大夫，善于谋略，曾辅佐越王勾践卧薪尝胆。精通韬略，足智多谋，拜为大夫。

范增：秦朝末期，楚国的重臣，曾为项羽的谋士。

范仲淹：北宋年间伟大的文学家、政治家，善于诗文，代表作品《岳阳楼记》，其中"先天下之忧而忧，后天下之乐而乐"为千古名句。

范中立：北宋年间著名的山水画画家，存世作品有《溪山行旅图》《寒林雪景》等。

范文澜：历史学家，代表作《中国通史简编》。

范长江：中国杰出的新闻记者，社会活动家。

88

四十七、《新编百家姓》之彭姓

【姓氏来源】

据史料记载，彭氏来源有二：第一，为祝融之后，以国为氏。相传祝融之后裔，名陆终，生有六子，其中就有彭祖，尧封彭祖于彭，建立了大彭氏国。后来，在商朝的时候大彭氏国灭亡，子孙便称自己姓"彭"了。据说彭祖名姓篯名铿，是个活了很久的长寿老人。来源其二，祝融之后已有彭姓。祝融之后有八姓，分别为己、董、彭、秃、妘、斟、曹、芈。周灭之，彭为八姓之一，一直延续下来。除了这两个彭姓的来源，据《晋书》载：安定胡水有彭氏。也就是说，彭姓的来源中，有少数民族改姓而成的。

【姓氏繁衍】

春秋时期，彭氏已经开始向西、向南迁徙。此后至晋代，由于战乱及仕途等原因，彭氏又有延伸到今山东、陕西、甘肃、江西、四川、福建等省份地区。唐玄宗时，为避安史之乱，彭构云首次带领族人，迁居今江西省境内。后来，彭构云后裔，名为彭玕的，居于庐陵吉水之山口村，其子孙又分布在今吉安市、吉安县、永丰县、吉水县等等。而彭玕的世孙——彭嗣元又迁徙到分宜县。到了彭嗣元之后人，彭跃这一代，他的儿子

89

彭延年定居于广东省境内，算得上是彭氏入粤始祖了。

【姓氏分布】

至今为止，彭姓已经遍布于全国各地，成为中国人口排行榜上第 40 位之前的姓氏。彭姓人口数约为 640 万人左右，占全国汉族人口总数的 0.49%。湖北、湖南和四川是彭姓多于聚集的地方，这三省的彭姓人数占彭姓总人口数的一半左右。可见彭姓还是多见于南方的姓氏。

【姓氏名人】

彭祖：即籛铿，陆终第三子，称为彭祖，由于长寿，所以后人都会用他来做长寿的象征。

彭越：西汉年间隐者，于秦末聚众起兵。

彭宣：汉哀帝时官至大司马，封长平侯。

彭俞：宋代学者，曾中进士，官至终朝散郎，有《君子传》《循吏龟鉴》等著作流传至今。

彭龟年：宋代文学家。代表作品有《别刘寺簿子澄赴州倅》《别孙隐甫》《别徐商老奉祠归清江五首》《别宜春柯宰》等。

彭玉麟：创建湘军水师，官至两江总督，兵部尚书。

彭湃：无产阶级革命家，著名农民运动领导人之一。

彭楚藩：中国近代民主革命家，武昌首义烈士之一。

90

四十八、《新编百家姓》之郎姓

【姓氏来源】

郎姓来源，据《通志氏族略》记载："姬姓，鲁懿公孙费伯城郎，因居之，子孙氏焉"。也就是说，上古周朝时期，鲁懿公之世孙费伯，率领军队驻扎在郎城，也就是在今天的山东省境内，之后，费伯的后代便在郎城定居了下来，并且逐渐的以地为氏，即郎姓。除了这支郎姓来源，少数民族匈奴的改姓，也形成了现在的"郎"之姓氏。这些匈奴早期多居住于中山，形成名望大郡，称中山望。

【姓氏繁衍】

郎姓发源于今山东省西南部。后鲁国亡于楚，郎姓族人迫于七雄纷乱纷纷处迁。秦汉之际，今河北定州、临漳和山东昌乐三地成为郎姓人新的繁衍中心，并发展为三大望郡，其族大人众的盛况下历隋唐而不衰。魏晋南北朝时，郎姓人散居于今四川、重庆、湖北、湖南等地。宋末元初，郎姓人避乱至今

云南、贵州、福建、广东诸省及广西壮族自治区。明中叶以后，郎姓人有落籍于今辽宁者，明末有入今北京等地者。清代至今，郎姓人遍布全国。

【姓氏分布】

郎姓是当今中国姓氏排行第 233 位的姓氏，郎姓人口约占全国汉族人口总数的 0.03%。郎姓在全国分布广泛，尤以四川、贵州等省此姓聚集居多，两省之和的郎姓人口数量约占全国汉族郎姓总人口的 68% 左右。

【姓氏名人】

郎基：南北朝时期著名的齐国大臣。曾任西魏鲁郡太守，后其有两子，出仕隋、唐两朝，时称"二郎"。

郎颖：唐朝时期的大臣。曾于唐朝武德年间为大理卿。在《新唐书志》中作三卷。

郎朗：著名钢琴家。

郎平：中国著名女子排球运动员和教练员。后任美国国家女子排球队主教练。

郎静山：江苏省人。当代著名摄影艺术家。25 岁成为中国第一名摄影记者。在中国摄影史上，具有举足轻重的地位。是中国首位入选国际摄影沙龙的摄影家。

四十九、《新编百家姓》之鲁姓

【姓氏来源】

说道鲁姓的来源，它和姬姓是有着莫大的渊源的。说是周武王，赐封其弟姬旦之子伯禽于鲁地，人称鲁公，后楚国灭鲁，鲁国之后人以地为氏。这是比较正宗的鲁姓来源。另外《通鉴》所载，东晋时期存在鲁姓的乌桓人；金朝时有女真人孛术鲁氏，汉化后简化其姓氏为鲁；明朝有赐姓；清朝有秦楚鲁氏。可见，鲁姓的来源中，还有不少是其他姓氏转化而来的。

【姓氏繁衍】

据说古时候的鲁国，领地广阔，包括今山东滋县、江苏沛县以及安徽泗县等地。鲁国被楚国灭亡后，遗民被迫迁徙到今安徽省砀山县附近，而后来这个地方又被秦国掠夺，他们只得向山东迁徙繁衍。

秦汉之际，鲁姓开始向关中缓缓迁移。王莽篡权时，有一名为鲁匡者，在朝中为官，博学多才，素有"智囊"之称号，也是同朝为官者，而孙鲁恭，是东汉时期的名相，其弟鲁丕也为高官。鲁匡是扶风平

陵人，后代又都是显贵之族，于是形成了当时鲁姓的第一大名门望郡，名为扶风郡。东汉末年，有名为鲁肃者为避战乱，举家迁徙于今江苏南京境内，其后裔分散在江南各地。盛唐时期，人民安居乐业，鲁姓也人丁兴旺，发展甚好，于南可见于江苏、江西、安徽、浙江等江南各大省，于北，至于山东、山西、河北、河南、陕西都有鲁姓。宋元时，鲁姓迁入湖广。明朝分迁。清朝时期山东鲁姓发展到东北三省谋生。

【姓氏分布】

当今鲁氏人口有 150 万人之多，大约占中国汉族人口总数的 0.12%，排名第 115 位。

鲁姓在全国的分布主要集中于安徽、山东、湖北、云南、江西、河南六省，大约占鲁姓总人口的 57%。其次分布于湖南、陕西、四川三省，大约又占了鲁姓总人口的 17%。光是安徽一省居住的鲁姓人口就占据了 13%，是鲁姓第一大省。

【姓氏名人】

鲁班：春秋时鲁国人，建筑家。在建筑、木工、器械等方面有很多发明创造，被工匠们称为祖师爷。

鲁恭：东汉名臣，直言不讳，敢于进谏，曾任侍中。

鲁肃：三国时期东吴名将。

鲁瀚：宋朝时期著名诗人。

鲁得之：明朝文学家、画家、诗人。代表作有《墨君题语》《竹史》《细香居集》等。

94

五十、《新编百家姓》之韦姓

【姓氏来源】

韦氏的来源有三种。第一，为正宗韦氏，出自"彭"姓。夏朝中兴少康为帝王的时候，赐封给大彭氏的后裔于涿韦（今河南省境内），涿韦国也被称为韦国，彭氏的这位子孙于是就被称为了韦伯。后来周襄王时韦国灭亡了，子孙便以国为姓。第二，是出自于西汉的著名大将韩信。据说西汉初年的时候韩信被吕后杀害，韩信的儿子得以逃过此劫，被萧何派人悄悄地护送到了南粤躲避起来，仍然担心被吕后的人发现，所以将自己的"韩"姓去掉了偏旁部首而改姓"韦"了。第三，据史料记载，西北少数民族中疏勒国有韦氏，可查于《汉书·西域传》。

【姓氏繁衍】

韦姓发源于今河南省境内，这已经是不争的事实。韦姓在汉朝开始了最初的繁衍，汉楚王有一太傅名为韦徙的，住在鲁国邹县，这说明当时在山东境内已经有韦氏的存在了。韦徙之后人韦贤，出任抚阳节侯，后来又迁徙到杜陵，这使得韦姓的族人传播到河南、山东、陕西、山西、河北等地。三国以及魏晋南北朝时期，韦姓大部分还是在北方原居住地生活，只有少部分人为了避难而南迁，到了隋唐时期，京兆便成了有名的韦姓都郡，另外陕西长安县也多聚集于韦氏族人。这是当时韦姓

95

的主要居住地，同时，在江苏、四川、安徽等地也有定居者。虽然之后南迁不断，但是韦这个姓氏还是多出现在北方，成为典型姓氏。

【姓氏分布】

韦氏人口大约 90 万人，占中国汉族人口总数的 0.01%，在中国人口姓氏排名中位居 122 位。韦姓多聚集在广西、河南两省，这其中包含的韦姓人口就占据韦姓总人数的 67%。其次韦姓分布较多的省份还有陕西、浙江、安徽、山东等，而北京、河北、天津、上海、甘肃、内蒙古、新疆、云南、贵州、四川以及东北三省也常常可以见到韦姓。

【姓氏名人】

韦孟：彭城人，西汉诗人，精通鲁诗，其子孙后裔都是鲁国的大儒之氏，他的《在鲁诗》一直保存至今。

韦皋：唐代名将，曾任监察御史、陇州刺史等，曾大败吐蕃 48 万军，活捉了五王，后来被封为南康郡王。

韦偃：唐朝画家，善画马。传世作品有《百马图》卷，现藏故宫博物院。

韦应物：京兆长安人，诗人，其诗以写田园风物著名，代表作品有《韦苏州集》等。

韦昌辉：壮族，太平天国运动领导人之一。金田起义时任领右军主将，后被封为北王。后利用洪、杨矛盾残杀杨，被洪秀全处决。

96

五十一、《新编百家姓》之昌姓

【姓氏来源】

据《风俗通》所记载，昌姓出于熊氏。公元前2000多年，黄帝娶嫘祖为妻，生子昌意，后昌意被命令前往四川若水，后娶蜀山一女子为妻，有子颛顼。之后，昌意举家迁徙至中原，于今河南乐西附近，建立了昌意城，颛顼为部落首领，

颛顼的后人高阳氏又建都于帝丘（今河南濮阳），之后后裔便以祖父的字，昌意作为姓氏，为昌氏了。昌姓的另一支是来源于任姓的。黄帝有25个儿子，赐姓12个，其中有一姓为任。任氏的后代有姓昌的，便一直沿袭至今。除此之外，还说黄帝时期就有大臣，名为昌寓，其后人姓昌。

【姓氏繁衍】

《史记》中有所记载，说"黄帝居轩辕之丘,而娶于西陵之女,是为嫘祖。"生有两个二子,其一玄嚣居住在江水,二昌意居

住在若水。之后昌意举家北上。当时大部分的昌姓居住于河南，一直到汉朝时期，河南省境内的汝南郡，成为昌姓的旺盛之大郡，秦时有东海望，也是昌姓族人多聚集的地方，在今山东省。之后，昌姓一直缓缓繁衍、发展，后来有迁徙到安徽的。此姓历史悠久，一直保留至今，但是实为稀少之姓氏，所以其具体的繁衍迁徙过程无从查证。

【姓氏分布】

昌姓人口稀少，在中国姓氏人口中未进入 300 名之列。据统计，今湖北、安徽、重庆、四川、辽宁、浙江、内蒙、海南、台湾等均可以查询到有昌姓人家居住。四川省见多，据说其一个岳池县境内就有昌氏家族约 5000 多人。

【姓氏名人】

昌义之：南朝梁将领。曾随萧衍起兵，率军每战必捷。曾任兖州刺史。

昌彼得：图书文献学专家，湖北孝感人。曾主编《故宫学术季刊》。有《说郛考》《中央图书馆宋本图录》《中国图书史略》《台湾公藏族谱题解》《陶宗仪生年考》《图书版本学要略》（与屈万里合著）《跋宋乾道本宣和奉使高丽图经》等著作。

昌海：明代高僧，刺血书五大部经 113 卷，永乐年间诏选赴京，纂修《大藏经》。

五十二、《新编百家姓》之马姓

【姓氏来源】

马姓是一个来源众多的姓氏。首先，马姓来源于地名，即马服。战国时期，因大将赵奢立有战功，赵惠文王将马服这个地方赏赐给他，封为"马服君"，官至宰相。后人刚开始是以"马服"为姓的，后来逐渐简化为马姓。后裔迁徙的时候从马服到扶风茂陵，因此说扶风是马姓的发祥之地。这是马姓最主要的一个来源分支。第二，据说元代礼部尚书月乃和，因祖父曾任金代的马步指挥使，而改姓马氏。另外，也有很多外姓以及少数民族更名而成。例如西域有姓马者，后进入中原便为马氏，这在《姓氏考略》中是有所记载的。又说回族人中，"十有九马"，可见马姓在少数民族中也是很常见的姓氏。而清代有满族部落姓马佳氏，后来亦简化为马姓。

【姓氏繁衍】

马姓始于河北省邯郸市一带。在战国末期，马姓子孙就已有一些迁居陕西咸阳，后来经过不断的繁衍，马姓人才济济，很多人入朝为官，最终使扶风茂陵（今陕西兴平）成为马氏的发展繁衍中心。一直到南北朝时期，马姓已经广泛分布于今河南、河北、山东、湖北、四川、甘肃、江苏、浙江等省的一些地方，同一时期，也有马姓大举迁徙到西北地区，后又东迁到

99

淮河流域以及黄河周边。唐朝时，马姓随王审知等一起入闽，在福建落地生根，人丁兴旺。唐末大将马殷从军作战，封为王，建立楚国，范围甚广，保留了现在的广东、贵州以及湖南和广西的大部分地区，这也使马姓得到了空前的扩展。宋代马姓在闽、粤不断发展，后到明清，马姓遍布福建、进入台湾、出至于海外。

【姓氏分布】

当今，马姓人口在 1500 万人以上，占全国汉族人口总数的 1% 以上，在中国排名第 14 位。马姓在全国的分布目前主要集中于河南、河北，大约占全国马姓总人口的 41.4%；其次为四川、安徽、辽宁、陕西、黑龙江，马姓占据了 33.8%。河南为马姓第一大省，占河南省总人口的 1.6%。黄河流域以及东北三省的马姓约占全国马姓人口的 59.4%。另外黄河和长江之间的省份也是马姓人口较多的地区，约占国土面积的 27.8%，由此可知，马姓人口主要生活在北方，特别是西北地区。马姓是回族十三大姓氏之一。

【姓氏名人】

马良：东汉学者，以才学而得名，文章精湛。

马欢：明朝航海家，曾多次参加郑和的下西洋航行，任翻译，著有《瀛涯胜览》。

马荃：清朝女画家，代表作品有《花卉图》《春花争艳图》《花鸟图》等。

马皇后：朱元璋妻，随朱元璋一起参与起义，建立明朝。

马君武：资产阶级民主革命家、教育家、学者、诗人。

马连良：著名京剧演员，有《定军山》《打棍出箱》等代表剧目。

五十三、《新编百家姓》之苗姓

【姓氏来源】

苗姓来源有三：第一，出自芈姓，据诸多史料记载，春秋时期。楚若敖之世孙楚大夫伯棼犯有诛罪，其子贲皇逃亡到晋国，后来被赐封于苗地，后裔以邑为氏。第二，《姓氏五书注》上说，上古时候有名医，苗父，其子孙世代以此为姓。第三，出自他族。朝鲜古国、清朝满族、拉祜族黑苦聪人阿沙普氏以及蒙古、维吾尔、回等中都有苗姓，可见还有一部分是由少数民族汉化而来的。

【姓氏繁衍】

苗贲皇的苗邑，在今河南济源境内，于是，这里便成了苗氏的发源地。晋国被三国瓜分后，由于逃亡，或者仕途等原因，苗姓有分布于今山西、河北等省份。战国后期，秦国大举扩张中原，导致战火满处，故大批苗姓迁徙到今山西长治，或是山东定陶一带，并且成就了上党和济阴两大著名郡望。两汉时期，苗光子孙落籍于今山东东阿，并在此地繁衍定居。

到了魏晋南北朝时期，由于社会激烈动荡，苗姓大举南

迁，这个其他姓氏也都是一样的迁徙道路，主要移居到今浙江金华附近，后来隋唐又发展到如安徽、江苏、浙江、湖南、江西等地。明初分迁于河南、河北、山东、甘肃、江苏、陕西等地。

【姓氏分布】

苗姓是现在在中国排名第 154 位的姓氏，人口有限，只占中国汉族人口总数的 0.07%。苗姓在北方地区分布较为广泛，尤其以山东、甘肃、河南等省多此姓，此三省之苗姓约占全国汉族苗姓人口的 53% 左右。

【姓氏名人】

苗海潮：隋末农民起义军领袖

苗训：宋朝初年的大臣。曾任工部尚书。

苗授：北宋将领。以荫补官，在攻打羌、西夏等战役中，战无不胜，曾官至保康节度使。其子苗履亦为宋朝大将。

苗好谦：元朝司农丞，著有《栽桑图说》和《农桑辑要》。

五十四、《新编百家姓》之凤姓

【姓氏来源】

《左传》有云："高辛氏时，凤鸟氏为历正。凤盍以官为氏。望出平阳、邰阳。"这是凤姓其中一种来源，说的是黄帝曾孙帝喾曾为凤鸟氏的历正，也就是掌管历法天文的官员，后人以官名为姓氏。其二，出于姬姓，即周文王第十七子受封在酆地，为酆侯，后人姓酆。酆姓在唐朝时改为凤氏。第三，据《中国回族大辞典》载："凤姓，回族姓氏之一。主要分布在贵州一带。"如此说明凤姓其中有少数民族转化而来。

【姓氏繁衍】

凤姓是个历史悠久的姓氏，但此姓人数有限，至今未有详细资料来说明其具体的繁衍过程。但是可以确定的是，凤姓皆以官为姓氏，在平阳这个地方得以兴盛发展，也就是当今陕西临汾。另外，邰阳，位于今陕西境内，也是凤姓的名望大郡。

【姓氏分布】

凤姓当今是一个人口稀少的姓氏，凤姓现在在全国范围内均有分布。未曾有数据显示凤姓的聚集大地。

103

【姓氏名人】

凤纲：汉朝人，钻研于医药，曾活百岁。

凤翕如：明朝官员，曾在张献忠来攻之时，动员官兵和全城居民，奋力死守。使敌军无法攻克，护城有大功。

五十五、《新编百家姓》之花姓

【姓氏来源】

对于花姓的起源，有很多种说法，而历史典籍中也没有一个比较明确的统一答案。一说是出于姬姓，即周文王的后代有姓花的，这在《中国姓氏起源》中确实有所提及；二说，"花"有时候通"华"，于是有一些姓华的古人，久而久之地，后人便为花氏了。除了我们耳熟能详的南北朝著名女将花木兰，唐朝时，有仓部员外郎，名花季睦，他也许算是史料中记载的最早的花姓人氏了。

【姓氏繁衍】

据《姓氏考略》所载："花姓望出东平"。由此我们可以推测得到：花姓发源于今山东东平县。唐末五代时期，北方战乱，时局动荡不安，之前我们也提到了，大部分姓氏族人均举家南迁，花姓不能幸免，据记载，那时候在四川、安徽、江苏、浙江、江西等地均可以见到花姓人氏。宋元时花姓进一步繁衍扩张，不但在北方大部分地区广有分布，南又有福建、广东、湖南、湖北等花姓居民。后于明朝开始分迁于河北、河南、山东、江苏等地，后蔓延至广西、云南以及贵州。沿海居住花姓入台湾。花姓于清朝乾隆年以前，东北居住者便闯关东，后分布在东北三省、内蒙等地。

【姓氏分布】

花姓在当今并不常见，有数据显示，近期花氏的人口数为18万人左右，中国人口姓氏排名在285位。花姓在全国均有分布，尤其以辽宁等东北三省及北方地区聚集居多，辽宁一省花姓约占花姓汉族总人口的70%左右。

【姓氏名人】

花惊定：唐朝将领。肃宗时期段子璋起兵造反，花惊定带领镇压，平定了蜀地，有大功。

花云：明初将领。曾屡建奇功，陈友谅来攻时，带领其军队誓死守城。

花润生：明朝官吏。曾任古田知县，著有《介轩集》。

105

五十六、《新编百家姓》之方姓

【姓氏来源】

方姓主要来源有二：第一，出于姬姓。一有正宗之说，即周宣王时有大夫，字方叔，姬姓，后因有功被赐封于洛阳，后人便以其字作为姓氏；二说方姓为姬姓后翁氏所分，也就是昭王后裔受封于翁山，后人为翁姓，一姓翁者有六子，其中就有姓方的。第二，出自方雷氏及方相氏。据说神农后裔有姓雷者，其后人有榆冈之子雷，被封于方山，子孙以邑为氏。

【姓氏繁衍】

方姓起源于河南境内，在中原地区发展极其昌盛。直至西汉末年为躲避王莽之乱，部分方姓南迁到安徽，后人在南方逐渐分布开来，至于四川、湖南、湖北等地。在隋唐以前，青州、河东及北方的一些地区，均有方姓居民。后又多次南迁，遍布江南各大省。并在盛唐时期入闽开漳，其中，有居住在福建省莆田的方氏，也有于宋元之际避乱迁至海南岛琼州。

【姓氏分布】

106

如今方姓人口达410万人之多，占全国汉族人口的0.36%，在全国排名63位，属大姓。

方姓分布很广泛而不均匀。方姓是东部、东南、云南地区比较常见的姓氏之一。在云南大部、浙江、福建、江西、广东、宁夏、辽宁、河北、内蒙古，方姓占当地人口的比例一般在0.5%以上。

【姓氏名人】

方腊：北宋末期浙江农民起义领袖。

方维仪：明末女诗人，著有《清芬阁集》以及《宫闺诗史》。

方以智：明清时期的思想家、科学家。对天文地理、历史医药等都有研究。

方声洞：近代民主革命者，两次留学日本，曾参加拒俄义勇队。后在广州黄花岗起义中牺牲。

五十七、《新编百家姓》之俞姓

【姓氏来源】

黄帝有臣跗，医术精湛，善于研究经脉。古时候据说"腧"为经脉之所注，又与"俞"字相同，而"俞"与痊愈的"愈"是同音的，所以很多人称他为"俞跗"，寓意为：跗医术高超，善辩"腧"，以治"愈"人。由此其后人便为俞姓。二是出于《路史》，曰春秋战国时期郑国、楚国均有公族姓俞。除此之外，有他族改姓之记载。例如清满族有尼玛哈姓氏后改为俞氏，朝鲜、回族等也都有此姓。

【姓氏繁衍】

虽然俞姓可以追溯到遥远的上古时代，但是隋唐以前仍然少见此姓氏。为我们所熟知的只有战国时期的俞伯牙、东晋宣城人俞纵等。此时俞姓人已经在江南地区例如湖北、安徽等省内发展繁衍。到盛唐时期，已经可以发现，俞姓在今山西、河南、河北、湖北等省生活了一段时间，并且人丁兴旺。到了宋朝时，很多官员都出于浙江、安徽、福建、江苏、江西等省，据史料记载，姓俞的有44人。明朝时俞氏被分迁于陕西、甘肃、河北、天津等地。明清之际散住于华东地区。

【姓氏分布】

如今，俞姓在全国分布广泛，多聚集于江南地区，尤其在

107

安徽、浙江、江苏等省多此姓。上述三省俞姓约占全国汉族俞姓人口的 70%。俞姓当今有 140 余万人口，占全国汉族人口总数的 0.12%，排名第 117 位。

【姓氏名人】

俞桂：宋朝官员、诗人。代表作品《渔溪诗稿》。

俞琰：宋末元初著名思想家、文学家。撰有《周易集说》《易图纂要》等著作。

俞樾：明朝著名学者。曾为官任翰林院编修，后罢职，著有《群经平议》《诸子平议》《古书疑义举例》《春在堂随笔》《茶香室丛钞》《宾萌集》《春在堂诗编》等。

俞作豫：中共早期高级将领。曾参加北伐，大革命失败后，加入共产党。后成立中国工农红军第八军，任军长。

俞大纲：中国近代传统戏曲、诗词研究者，曾参与创办《汉声杂志》等刊物。

五十八、《新编百家姓》之任姓

【姓氏来源】

任姓的历史源远流长。一说为远古时期妊姓所繁衍，是母系社会产生的古姓之一，后来"妊"逐渐转化为"任"姓；二说为黄帝后代，黄帝有 25 子，其中有被赐姓任姓的，后裔便以任为氏。又说是皇帝之子禹阳，其曾被赐封于任国，后人便以国为氏。另外在我国众多的少数民族中，不乏姓任者，其主要分布于我国南方居多。另外有改姓者，例如元代王信之子，名宣，为了避难而不得已改姓为任。

109

【姓氏繁衍】

对于任姓，虽然历史悠久，但历史上并没有其具体繁衍的显示资料。只是根据某些族谱得知，黄帝之后，禹阳得此姓氏后，世世代代便继承此姓，直到奚仲出现，被封于今山东，故山东是任姓早期的发展中心，另秦国有任鄙、楚国有任不齐。也就是说当时任姓的足迹遍及今陕西、山西以及湖北等地区。又据《史记·南越列传》所载，秦代时期在广东就发现任姓了，它相对其他姓氏来说算是入粤最早的一个。汉朝时，以北于山东、陕西、山西、河南，以南有四川、江苏都广泛分布着任姓，并后来为了躲避南北战乱，大举迁徙至今江苏、浙江、湖北等地。宋代被元军驱赶至江南各地，明朝时分迁，清朝有移居海外者。

【姓氏分布】

如今，任姓约有人口480万人，占全国汉族人口的0.38%，在中国排名第59位。任姓遍布全国，尤其在河南、山东等地任姓为常见大姓，此两省任姓人数占任氏总人口的25%。

【姓氏名人】

任昉：南朝梁著名文学家，曾为官至新安太守，擅长表、奏、书、启诸体散文，人称"任笔沈诗"。

任仁发：元朝水利家，曾主持疏浚吴淞江、大都通惠河等工程。其又画技精湛，尤其善于画马，有《二马图》等流传于世。

任化邦：清朝末年捻军起义首领，太平天国鲁王。

任熊：清朝时期的画家，擅长人物、花鸟、山水等景物。曾作《大梅山房诗意图册》120幅。

任光：近代作曲家，曾参加新四军，在皖南事变中牺牲。其代表作品有《大地行军曲》《彩云追月》《渔光曲》等，先后作为电影歌曲。

110

五十九、《新编百家姓》之袁姓

【姓氏来源】

《元和姓纂》记载，说舜帝后裔有胡公，胡公后有申公、靖伯庚，一直到涛涂这一代，以父辈的字作为姓氏，称"爰"、"辕"。根据《通志·氏族略》所云："袁氏，亦作'辕'，亦作'爰'"。也就是说袁姓

最初是出于舜帝之后，始祖为涛涂。这是袁姓最古老也是最正宗的来源。另外有袁氏的来源便在几千年后了：据记载，明朝崇祯年间，有一洪洞县令，名为袁葵，于灾荒的时候收养了几百名弃儿，后辞官之时，让他们的生身父母将孩子领回去，百姓感激涕零，故要求自己的孩子随其姓袁，这使得袁氏家族一下子扩充了不少，这在《明史》中也是有所提及的。另外，我国少数民族中也有很多姓袁者。

【姓氏繁衍】

袁姓的发祥地位于今河南淮阳一带，至西汉时期，袁氏中很多人入朝为官，成为名门望族，其中陈留郡就是当时发展而成的袁姓大郡。后有迁徙汝南者，子孙繁盛，人丁兴旺。南北

111

朝魏晋年间，袁姓在北方很多省份大规模扩散，至于山东、河北等地，也有少数迁徙于江南地区的。袁姓在中国北方世代繁衍了很长一段时间。袁姓的第一次南迁是在唐朝初年，由于仕途和战乱等原因，许多袁姓移居江南，靠水而居。到了宋朝时。在浙江、江苏而后江西都常常可以看到袁姓踪迹，并且在那时就已经有入闽的了，之后又迁入广东，于清朝遂遍布全国了。

【姓氏分布】

袁姓现在在中国大陆地区排名为 33 位，约占全国汉族人口总数的 0.54%。总的来说，袁姓多居住于南方，尤其是以江苏、江西、福建、浙江、四川等省较多聚集，在广西、云南境内的瑶族中为大姓之一。而北方相对较少，于河北、河南可见。

【姓氏名人】

袁山松：西晋时期官员，曾任吴郡太守。其歌《行路难》，曾与羊昙唱乐、桓伊挽歌，并称"三绝"。

袁枢：南宋史学家。著有《通鉴纪事本末》。

袁崇焕：明朝末年著名军事家。曾在宁远战役中大败努尔哈赤，又取得了宁锦大捷，得以保明。

袁枚：清朝著名文学家，诗歌理论家，与薛士铨、赵翼并称"江右三大家"。代表作品有《随园诗话》等。

112

六十、《新编百家姓》之柳姓

【姓氏来源】

柳姓最初是由姬姓发展而来的，始祖是柳下惠。柳下惠是周公后人鲁孝公的后裔，后被赐封于柳地，因此后人以地为氏。这段历史可以从《广韵》中找到。又说柳姓也出于芈姓，即春秋时期楚怀王后裔，在秦末起义时被推举为首领，建都在柳地，其子孙便有以柳为姓氏者。另外，不乏改姓者，例如明朝末年有一人名曹逢春的，改姓为柳；也有少数民族，例如苗族、满族中的柳姓。

【姓氏繁衍】

柳姓最早的繁衍是在今河南、山东境内。公元前256年，楚国灭鲁，柳氏便有进入楚国领土的，至秦始皇统一天下，山西省境内也发现有柳姓，并后来发展成名门望族。西汉柳隗为齐国宰相，其后人柳丰、柳轨、柳景猷后来都是当朝官员，他们均居住在山西黄河以东的地区，后人不断繁衍生息。柳姓在唐朝以前就已经分布于今四川、福建、广西等地，之后在南方更是扩散昌盛，为望姓。后有随陈政父子入闽者，是从河南迁徙过去的。后陕西也发现有柳姓居住，例如陕西大书法家柳公绰。而宋元明清时期，江苏、安徽、浙江、福建几省更是人才辈出，涌现出许多历史名人。而北方却柳姓分布零星。只河北、河南、山东境内有柳姓居住。

113

姓氏分布

今日柳姓尤以山东、四川、湖北、湖南等省居多，上述四省柳姓约占全国汉族柳姓人口的62%。柳姓是当今中国姓氏排行第130位的姓氏，人口约占全国汉族人口的0.1%。

姓氏名人

柳庄：春秋时期卫国人，卫献公之大臣。以贤德而服众人。

柳泽：唐朝著名政治评论家。哲学上，坚持老子"不见可欲，使心不乱"的观点；政治上，提出若干改革措施，极富进取精神。

柳宗元：唐朝著名的文学家、哲学家。曾为官，后被贬。代表作品有《始得西山宴游记》《至小丘西小石潭记》《袁家渴记》《石渠记》《石涧记》《小石城山记》等。

柳亚子：近代民主革命家、文学家。曾参与同盟会、上海爱国学社。参与创办了《新黎里》报，曾任国民党江苏省党部执委、中国国民党中央监察委员等职位。他一生中写下很多诗集作品，有《柳亚子自传年谱》《磨剑室诗集》《词集文集》《南社纪略》《南社丛刻》《苏曼殊全集》《柳亚文集》《柳亚子集》等。

六十一、《新编百家姓》之酆姓

 姓氏来源

酆姓来源比较单纯，即为姬姓之后。灭商之后，周文王姬昌的第17子子于被赐封在酆邑，建立了侯国，人称为酆侯；

到了周成王时期,郧侯被废黜,其后人便以原来的地名为姓氏。。郧姓的始祖为侯王子于。

【 姓氏繁衍 】

郧姓人口稀少,有关郧姓繁衍迁徙之历史,也是记录不详。但可以推测道,郧邑是在今湖南永兴一带,所以可以说这里就是郧姓的发祥之地。后来子孙逃散繁衍至周边地区,有史料记载,郧姓曾在京兆形成望族。

【 姓氏分布 】

郧姓在中国未列入前300名之列,是一个极其稀少的姓氏。

【 姓氏名人 】

郧舒:春秋战国时期潞国的首领。

郧去奢:宋代人。擅长道术以为家。

郧庆:明代官员,正统年间进士,以直言敢谏闻名。

郧寅初:元末明初人,博学多才但又不贪图名利,一生未入仕途,隐居,传说活至百岁。

六十二、《新编百家姓》之鲍姓

【姓氏来源】

鲍姓，主要来自于姒姓。据《姓苑》记载："系出姒姓。夏禹后。春秋时杞公子有仕齐者，食采于鲍，因以命氏"。也就是说，夏禹后裔孙敬叔在齐国做大夫，后被赏赐于鲍邑，其子叔牙以地为氏，称鲍叔牙，他便是此姓的始祖。另说，伏羲氏为庖牺氏之后，他的后代中有以鲍为姓氏的。据其他史料记载，鲍姓也出于一些少数民族，例如俟力伐氏、满洲保佳氏、金别氏等等其中有姓鲍，也有改姓为鲍的。

【姓氏繁衍】

鲍姓发源于今山东历城，后鲍叔牙的子孙有隐居在周朝的国都，位于今河南洛阳。齐国被讨伐后，鲍姓子孙四处逃散于今山东河南、河北、江苏等地区。两汉时期有臣鲍宣，是河北人，为了使其子躲避王莽杀害，所以将两个儿子留在今陕西的位置。其孙鲍昱后来官至宰相，其族人也随之名声大噪。历史表明，东汉时期鲍姓已经蔓延到陕西、安徽等黄河中下游地区，例如东汉有鲍鸿，陕西兴平人；鲍骏，安徽省凤阳人。鲍姓在魏晋南北朝时期，在江苏、山东等地繁衍昌盛，并出了一些比较有名的名望大郡，例如东海郡。唐朝末年有鲍姓南迁于今江苏、浙江、安徽等江南地区。陕西大槐树迁民被分迁于河北、河南等。明清时此姓发展甚广。

【姓氏分布】

当今鲍姓人口约 67 万人，占全国汉族人口总数的 0.06%，排名 179 位。鲍姓人数并不多，但广泛分布于大江南北，尤其在青海、江苏、山东、湖北、浙江等省区多见于鲍姓，这几个省份鲍姓人数占全国汉族鲍姓人口总数的 70%。

【姓氏名人】

鲍宣：西汉大臣。曾为司隶一职，为人勤勉，勇于上书献谏。

鲍永：汉朝大臣。曾任中阳侯、司隶校尉等。

鲍防：唐代大臣。玄宗年间中进士，后任工部尚书，政绩良好。

117

鲍照：南宋文学家、诗人。一生坎坷、怀才不遇，他的诗句主要是描写边塞战争的，代表作有《拟行路难》《鲍参军集》等。

鲍超：清朝湘军将领，后为提督。曾救曾国藩于祁门。

鲍廷博：清朝学者，乾隆年间人氏，擅长收集、编纂图书，曾校刊《知不足斋丛书》30 集，并且著有《花永轩泳物诗存》等。

六十三、《新编百家姓》之史姓

【姓氏来源】

史姓来源众多，其一，是出自"史皇"。即仓颉，是黄帝时代创造文字的官员，是史官。后来仓颉后代的众多姓氏中，便有支以"史"作为姓氏的。其二，出自"佚"姓。西周初年，有名为佚的，做太史官员，为人严明，一生为太史官，有数十年，其后人便以他的官名为氏。其三，隋唐时代有古西域，史国便是其支系之国，后人来到中原，称自己为史姓。其四，有外族而来。突厥族阿史那氏曾汉化姓氏为史，唐朝的史思明本为突厥血统。

【姓氏繁衍】

史姓在春秋战国时期，就广泛地分布于全国各地。例如，西汉时，鲁国人，史恭之孙——史丹从山东曲阜移居到陕西长安，其后裔有名为史崇的，又迁徙到今江苏省境内，也有到今甘肃省的。除此以外，另有史岑，为沛国人，生活在今江苏沛县；有史立，迁在广西；东汉有史通平举家迁徙至今四川。后河南大部分地区均有史姓人居住；唐朝时，史姓有南迁到山西、浙江、湖南的，后宋代扩至江西，北至河北；明朝时期，史氏分布更加广泛，在湖北、安徽、福建、广东、贵州、云南等省均可以寻找到史姓足迹。清代时便有史姓漂洋过海到海外生活的了。

【姓氏分布】

今史姓人口 300 余万人，占全国汉族人口总数的 0.25%，在中国姓氏排名第 80 位。史姓，如今大江南北均有居住者，而尤其以湖南和山东居多，两省的史氏人口占全国汉族史姓总人口的 37% 以上。

【姓氏名人】

史鱼：春秋时卫国史官，以正直而闻名天下。临死时还进谏于卫灵公接纳贤人。

史弥远：南宋中期权相，一直得到宋宁宗、宋理宗的重用。

史孟麟：明朝理学家。曾参与东林书院讲学，主张以理为治国之本。

史可法：明代抗清名将。曾在兵困扬州时，誓不投降，坚持奋战到底，最后壮烈殉职。

119

六十四、《新编百家姓》之唐姓

【姓氏来源】

唐之本姓形成，出于祁姓，也出于姬姓。传说尧帝实姓伊祁，尧只是其谥号，他先被封于陶，后迁唐，人称"陶唐氏"，立为天子后，国号立为唐，后来其继承者舜帝曾把唐地封给了其子丹朱，这个地方后来在周武王时期被灭，原来的国民逃走，大多去了杜国，以之前的国名为氏，姓唐。而此地便封给了成王之弟，其子民也以地为姓氏。另有，周昭王时期鲁县被封为唐侯，其子孙也以唐为姓氏。东汉时期开始，唐姓便有少数民族加入，例如生活在陇西的羌族以及满族等，其中都有唐姓。

【姓氏繁衍】

最初的唐姓，主要分布于今江苏沛县、安徽涂县、甘肃武威、山西襄县，也就是西汉唐厉、东汉唐翔、晋代唐熙定以及其后人唐辉所居住的地方。据史料记载，魏晋南北朝时期唐姓已经广泛分布于江南的很多省份了，这可以从南朝时候，有首领唐寓之，发动农民起义攻占钱塘，也就是今浙江杭州得到证明。唐朝时期，有唐氏族人从河南迁往福建。宋代时期，江西、广东、广西已逐渐有唐氏涉足。明清时期，唐氏入闽，并有人迁居海外。

【姓氏分布】

唐姓是当今中国姓氏排行第 26 位的大姓，人口超过 870 余万人，约占全国汉族人口的 0.65%。作为中国之大姓，到处都有唐氏足迹，而四川、湖南、贵州、山东、安徽、广西等省区多为唐姓的聚集之地，这几个省区的唐姓占汉族唐姓人口的 60% 以上。

【姓氏名人】

唐棣：元代画家。曾为官至县令。善于画壁画，代表作品有《霜浦归渔》《秋山行旅》《村人聚饮》等，至今保存于世。

唐寅：明朝文学家、书画家，字伯虎，不但擅长诗文，并能绘画，与祝枝山、徐祯卿、文征明并称"吴中四才子"。其墨宝现在极其珍贵。

唐顺之：明文学家。曾著有《荆川集》。

唐英：清朝戏曲作家。著有传奇以及杂剧《转天心》《面缸笑》

《十字坡》等，撰写有笔记《陶人心语》等。除了戏曲创作，唐英对陶瓷也颇有研究。

唐廷枢：清代洋务运动的代表人物之一，创办第一家煤矿开平矿务局。

唐杰忠：著名相声演员。

唐兰：现代文学家、音韵学家、历史学家。

六十五、《新编百家姓》之费姓

【姓氏来源】

费姓出于"嬴"姓。在大禹治水时期，有一个大臣，名为伯益，因协助治水有功，所以赐封于费地，其后裔便以地名为姓氏；费姓还出于"姬"姓。据《姓氏考略》记载，鲁桓公之子季友曾是鲁国的大夫，被赐封在费邑，所以子孙以费为姓氏。值得注意的是，古时候"费"有两个不同的读音。从"嬴"衍生出来的费姓，应念为"fèi"，而指代"姬"姓来源之费时，应念为"bì"。

【姓氏繁衍】

据史料记载，费姓早期在今山东、湖北等地繁衍，到两汉时期，书中有记载提及东莱人费直、汝南人费长房、南安人费贻以及吴兴费凤父子等，可见当时的费姓已经发展到河南、山东、四川、浙江的一些地区，除此之外，湖北也有费姓人居住，并且在后来进入云南、贵州等地。三国时期蜀国的宰相有姓费的，原居住于河南罗山，后因仕途而辗转于今四川成都。魏晋南北朝时期，江南地区的费姓人口逐步增长，连北方地区例如河北、河南以及山西省的费姓也人丁兴旺，这是由于北魏接连有改姓为费者，增加了

此姓的队伍。费姓于唐末时期有不少因为躲避战乱南迁到江浙以及安徽的，后南宋有金兵侵入，他们又向南移居至两广。明代被分迁江苏、天津等，也有因谋生而居住今北京的。

122

【姓氏分布】

费姓如今在全国分布广泛，尤以河北、安徽、湖北、上海、江苏、浙江等省市居多，此六省市占全国汉族费姓总人口的85%。费姓人口约47万人，在姓氏排行榜上位居200名左右。

【姓氏名人】

费子贤：明朝初年官员，曾多次立下战功，深受朱元璋赏识。

费震：明朝官员。洪武初年为官，曾任汉中知府，费震廉洁爱民，开仓发放10万斗赈灾粮，深得民心。据说就连当时的强盗小偷也为之感动，纷纷前来改邪归正。

费茂公：清朝武将。顺治年间入关，据说一生经历战役过百余场，后任盛京工部侍郎。

费彝民：毕业于北京法文高等学校，创建香港《大公报》。

费孝通：毕业于清华大学，留学英国，曾任第三、第四届全国政协委员、五届常委、中央民族学院教授等。代表著作有《乡土中国》《初访美国》《重访英伦》《乡土人权》《我这一年》

《大学的改造》《花蓝瑶社会组织》《访美掠影》《关于我国民族的识别问题》等，并翻译《人文类型》《世界史》《文化论》等著作。

六十六、《新编百家姓》之廉姓

【姓氏来源】

廉姓是个来源单一而又资格正宗的中国姓氏，可以追溯到几千年前。黄帝的后裔颛顼，其世孙姓廉，后代以廉为姓氏。这记载于《姓纂》中。

【姓氏繁衍】

廉姓在先秦时期已经分布于今河北、河南两地。这可以从春秋战国时，孔子弟子——河南淇县人廉絜以及赵国的大将——河北邯郸人廉颇而看出。后廉颇死于今属安徽寿春，也就是当时楚国领土内，而其后代当时已经迁入了山西境内定居，并且发展昌盛，有廉姓河东郡望。西汉时期，廉颇的后人廉褒，就是山西望郡出来的将相，为王莽所用，其子落户于京兆，即陕西西安。廉姓在西汉前已经完成了大部分的南迁，属于比较早南迁的姓氏，已经分布在安徽、浙江、江西、江苏等地。历经魏晋南北朝，又拓展至湖南、湖北两省，唐宋时出现在四川、重庆等地。而历经宋元两代，就连广东、福建也有了廉姓的足迹。

123

【姓氏分布】

目前廉姓人口列全国第 223 位，尤其在河南等省市多见于廉姓。

【姓氏名人】

廉絜：是孔子的弟子，春秋战国时期卫国人，为孔门七十二贤人之一。

廉颇：战国时期赵国著名的军事将领。

廉范：东汉官员。汉明帝时任郡衙当功曹史，后又任蜀郡太守，勤政爱民，以善良宽宏深受明帝赏识。

廉布：宋代画家。苏东坡之学生，善于画山水、竹林，并常常以酒陪伴娱乐。

廉希宪：元朝著名政治家。其父曾在成吉思汗崛起之时投奔于蒙古。廉希宪从小学习军术、熟读经书、又懂得儒家之道。曾追随忽必烈征战云南等地，作为谋士，立下汗马功劳。

124

六十七、《新编百家姓》之岑姓

【姓氏来源】

岑姓，始于姬姓。上古周朝时期，周武王（抑或是周文王，现在历史尚未查清）将岑地封赏给其同父异母的兄弟之子渠，后来居住在岑的后世子孙便以地为姓氏了。于是岑姓这个历史悠久的姓氏产生，可以追溯到 3000 多年前。据相关史料记载，当时的岑邑，就位于今陕西省韩城县境内，于是我们可以说，这里就是岑姓的发祥之地。

【姓氏繁衍】

岑姓始于陕西韩城，先秦时期，其中有一支迁徙到南阳安居。东汉时期，因有名将岑彭而使得此姓一时名扬于天下，彭岑死后，其子被封于舞阴，为舞阴侯，又彭岑之兄弟岑淮封为谷阳侯，成为当地的名门望族，其后人世世为官，岑姓一直长盛不衰。后从魏晋南北朝到隋唐年间，南阳郡依旧为岑姓的繁盛之都，但有的支系也逐渐或是避难、或是为了仕途而迁徙到了山东、山西、河北、安徽、浙江、江苏、湖南以及湖北等地。岑姓在唐朝时再一次声名大噪是由于入朝为相的，就有三人姓岑，分别为岑文本、岑长倩、岑羲，三人均为同门亲戚。经过唐朝的继续繁衍，宋元时期，岑姓迁至更南部的省份——广东、广西、云南、江西、四川、重庆。之后的繁衍历程就和其他姓氏一样，经过分迁、入闽、至于海外。

【姓氏分布】

岑姓并不为常见，在中国大陆和台湾都在 200 名以外。岑姓分布广泛，尤其以安徽、广东、广西等省份多见于有此姓。

【姓氏名人】

岑彭：后汉时期南人，曾归光武帝刘秀，封舞阴侯。

岑晊：东汉时期官员，为南阳太守之功曹，据说才高八斗，人们传说他在谈笑的时候就可以把公务都办理妥当了，说明此人办事效率之高。

岑羲：唐朝时期官员，武则天执政时期为广武令。

岑善方：隋唐时期官员，梁宣帝时曾任吏部尚书，后封长宁公。

岑参：唐代边塞诗人的代表人物。

六十八、《新编百家姓》之薛姓

【姓氏来源】

史料记载，薛姓的来源主要有三个。第一，出自任姓，即黄帝之子禺阳的后人。之前我们提到，禺阳曾被封于任地，所以后人为任姓。到了他的第十二世孙奚仲，被禹封在薛国，后人以地为姓，由此得来薛姓。薛国因经历三朝，其中的子民流动不断，这为薛姓的传播奠定了重要基础。第二，出自妫姓，即虞舜的后裔田婴为齐国大夫，曾被封于薛地，田婴死后，其子孟尝君继承封地，为薛国之主。后被秦灭，遗民逃散，孟尝君之后裔便以薛为姓氏。第三，据《魏书·官氏志》《通志·氏族略》记载，鲜卑的复姓、朝鲜族、辽西均有薛姓；另外唐朝时有冯氏，据说为周文王后裔，改姓为薛。

【姓氏繁衍】

薛姓发源于今山东薛城，后来迁徙到江苏邳州。战国时期，在河南、河北、湖北、湖南、江苏省境内均可以见到薛姓居住的人家。例如刘邦之臣薛倪、薛鉴、淮阳太守薛愿、刘备之随从薛永均出于这些地境。他们的后裔有一名叫薛齐，曾为魏光禄大夫，后举家迁徙河东，也就是今山西，成为薛姓在河东郡的始祖。三国时期，薛姓进入甘肃，由吴国有竹邑人士薛综之子而得知。永嘉年间，薛姓南迁，首次入闽，唐朝时又有入闽者。北宋年间有薛彦博，迁徙到广东乐昌，记载于史料，他便是薛姓中第一个入粤的人。明朝初年，作为洪洞大槐树迁民姓氏之一，薛姓被分迁于江苏、河南、陕西、山东、北京等地。

【姓氏分布】

如今，薛姓人口有 300 万人之多，占全国汉族人口总数的 0.42%，排名第 76 位。薛姓广布全国，尤其以江苏、山西、陕西、河北、福建等省为多，此五省所含薛姓占全国汉族薛姓总数的 63%。

【姓氏名人】

薛举：隋末占据陇西的军阀。

薛稷：唐朝官员、书画家。曾为太子太保、礼部尚书。其书法与欧阳询、虞世南、褚遂良并称"唐初四大家"。

薛礼：即薛仁贵，唐朝名将，骁勇善战，多次大败突厥，守护唐王朝的边疆。

薛居正：北宋史学家。曾监修国史。撰修《旧五代史》。著有《文惠集》等。

薛素素：明代女画家，传世作品有《吹箫仕女图》《兰石新篁图》《兰石图》《兰花图》，著有《南游草》诗集。

六十九、《新编百家姓》之雷姓

【姓氏来源】

关于雷姓的来源，一说是黄帝的大臣有叫做雷公的，医术精湛，他的后代以祖先为姓，即雷氏；二说黄帝时，方雷氏被封在方山，建立了方雷国，其后代以国方雷为姓，逐渐简化为雷姓。这两种说法在《姓氏考略》和《古今姓氏书辨证》中分别有所出处。

【姓氏繁衍】

雷姓起初世代生活在中原地区。很长一段时间未曾有雷姓的记载。直到三国时期有雷义、雷同等名人出现，他们出自于方雷氏，由于颇有名气，其后代在晋朝时在江西境内繁衍发展为一大望郡。实际上，后汉时期，雷姓已经存在于江西、湖北、安徽、四川等地了。魏晋南北朝时期，雷姓于北于南都有扩展，到了唐宋年间，雷姓遍布内蒙、广东、陕西、四川、江西、湖南、广西、山西等地。其中在江南一带的少数民族中，雷属大姓。明朝洪武年间，雷姓被分迁于山东、河北、河南、陕西、甘肃、湖南等地，至清朝有移居海外。

‖【姓氏分布】‖

如今雷姓是中国姓氏排行榜第 78 位的大姓，人口大约 300 万人，占全国汉族人口总数的 0.22%。雷姓主要分布在陕西、湖北、四川等省市，此三省的雷姓占全国汉族雷姓总人口的 53%。

‖【姓氏名人】‖

雷焕：晋代天文学家。

雷敩：南宋时期著名药物学家，曾著《雷公炮炙论》《论合药分剂料理法则》等，有的制药法至今还在沿用。

雷学淇：清代学者。曾整理《竹书经年》，著有《夏小正经传考》《夏小正本义》《校辑世本》《古今天象考》等。

雷振邦：新中国最著名的电影音乐作曲家，有《雷振邦创作歌曲选》。

129

七十、《新编百家姓》之贺姓

【姓氏来源】

贺姓起初是为了避君王名讳所改的姓氏。春秋战国时期，齐桓公之孙公孙庆克，其子庆封，在齐灵公时任大夫，后独霸政权。后其子庆舍继承父业，其只吃喝玩乐，引起朝中不满，后遭行刺，逃往吴国，其后人庆纯官拜侍中，为避汉安帝之父刘庆的名讳，便取与"庆"为同意的"贺"字改为自己的姓氏，由此贺姓产生。这为贺姓来源之正宗。除此之外，还出自鲜卑族汉化时改姓为贺。

【姓氏繁衍】

贺姓起源于今浙江绍兴一带，起初就是当地一大望族。魏晋南北朝时期，北方战乱使各姓都大举南迁，于是南方的贺姓家族分布更广。出自鲜卑的贺姓，从江南北上的贺姓不断地融合，逐渐在北方形成河南郡、广平郡这两大郡望。唐宋之际，贺姓已分布于北方，以今河南、河北、山西、山东、陕西分布最为集中。明初，贺姓作为洪洞大槐树迁民姓氏之一，被分迁于江苏、河南、山东、湖北、河北等地。明清以后，贺姓更加遍及全国，并有远赴海外者。

【姓氏分布】

贺姓是当今常见姓氏，人口约为 220 余万，居第 93 位，约

130

占全国汉族人口的 0.18%，其中以湖南、山西较为集中，二省贺姓约占全国汉族贺姓人口的 31%。

【姓氏名人】

贺知章：唐代著名诗人。时称"饮中八仙"。

贺岳：著名医学家，著有《明医会要》《医经大旨》《药性准绳》等。

贺铸：北宋诗人。其《青玉案》大有名气，除此之外，还有《庆湖遗老集》等文学著作。

贺贻孙：清初文学家。代表作品有《水田居士诗文集》等。

贺一龙：明末农民起义军将领。

贺绿汀：当代著名音乐家、教育家。

七十一、《新编百家姓》之倪姓

【姓氏来源】

倪姓的起源是这样的：黄帝的后裔有叫做邾武公的，他的第二个儿子在春秋的时候被赐封于郳地，建立了郳国，他是邾国的附庸之地。其子孙以国名为姓氏，故姓郳氏；后郳国被楚国所灭，国民逃散，有为避仇的，便将"郳"氏改变了偏旁，即"倪"。除此之外，倪姓来自于少数民族改姓而来。据资料记载，魏代有复姓为贺郳氏的改为了郳氏，后演化为"倪"。

满族、蒙古族、土家族中均有姓倪的。

【姓氏繁衍】

春秋郳国所在的位置，便是倪姓的发祥之地，现在它仍然存在，叫做郳城。郳城在山东的滕州和枣庄两地，因此古时候的倪姓就是在这里产生的。郳城灭亡后，倪姓子孙逐渐向北迁移，落足于河南，并在这里形成了郡望之地，繁衍极其昌盛，两汉时期，郳姓逐渐进入安徽省境内，这可以从那时候的很多记载在史书中的人物看出，例如太守郳式、兵家郳良、扬州刺史郳谚、皇妃郳姁等等。南朝时期，"郳"姓已经全部转化为"倪"姓了。并且向江南一带延伸、繁衍。魏晋南北朝时期，在河北、河南、山西多见于倪姓，而后唐安史之乱，使得一大批倪姓南迁，经过两宋，倪姓已经广泛分布于江苏、江西、安徽、福建等地；到宋末元军侵袭时，又四处逃散，至于湖南、湖北、广东、广西等地。明朝分迁，清朝有福建倪姓飘扬过海、或是闯关东到东北三省去了。

【姓氏分布】

如今，倪姓在中国姓氏排名中位于 111 位，人口约占全国汉族人口总数的 0.14%。倪姓在中国广泛分布，尤其以湖北、江苏、上海等地多为聚集，此三省的倪姓约占全国汉族倪姓总数的 60% 之多。

【姓氏名人】

倪志钦：著名跳高运动员。

倪良：战国时代的先祖，古时候伟大的军事家。曾为六国军队的首领。

七十二、《新编百家姓》之汤姓

【姓氏来源】

汤姓的来源是十分单一的，它出于子姓，始于商汤。黄帝娶嫘祖为其正妃，生两子，其中次子昌意之曾孙为契，在大禹治水后因有功故被赐封于商，为司徒，是成汤的始祖。追契之后裔履，是夏朝的方伯，夏末时期，君王残暴，百姓疾苦，他便有了取帝之心。他先是消灭了周围的一些小国，后经过多次征战，灭掉了夏的同盟国最后终于灭夏，建立了商朝，后来庙号称为成汤。之后的后裔中有一支便以其谥号作为姓氏，称为汤氏。

【姓氏繁衍】

汤姓的最早发祥地在河南境内，也就是当年商汤之地，其国都曾前后经过了多次迁徙，分别为：河南商丘—河南荥泽县—河南安阳山—山西河津县—河北邢县—河南偃师县—河南淇县。也就是说在春秋之前，汤姓就有一定面积的分布了。汉文帝时期，汤姓有一后裔为汤得新从开封迁徙到今江苏常州，后其子又移居到今越南境内。唐朝初年，陈政父子入闽，汤姓也有随之迁入的，例如汤姓将佐从今河南迁往到福建了。明朝在广东和广西两省可以发现汤姓的足迹。清朝康熙年间。有在广东居住的汤姓到台湾去了，后又从台湾移民至新加坡、泰国、

133

日本、巴西、澳洲等。

【姓氏分布】

汤姓分布广泛，尤其以福建、湖南、江苏、湖北等省居多，这四省的汤姓约占全国汉族汤姓人口的56%。汤姓的总人口大约为232万人，占据全国汉族人口的0.19%，其排名在全国位居第90位。值得一提的是，汤姓现在在台湾已经是位居第77位的大姓了。

【姓氏名人】

汤显祖：明朝戏曲家、文学家。其代表作品有《紫钗记》《还魂记》（即《牡丹亭》）《南柯记》《邯郸记》等，闻名于世。

汤和：明朝初开国功臣。因随朱元璋南征北战，屡立战功，被赐封信国公。

汤克宽：明朝大将。曾多次大败倭寇，屡立战功，后赐封广东总兵。

汤贻汾：清代著名画家，尤其以擅长山水风景画著称，同时能诗于草书。

汤天池：铁画创始人，铁画是用铁铸成的线条勾勒成图画，其具有扎实的山水画功底，后受到启发创立了此派艺术。

汤一介：当代著名哲学、哲学史家、哲学教育家。

汤飞凡：中国第一代医学病毒学家。

134

七十三、《新编百家姓》之滕姓

【姓氏来源】

　　滕姓主要有三个来源。其一，是出自姬姓。《国语》说："黄帝之子十二姓中排在第五位的即是滕姓。"在黄帝的 25 个儿子分到的 12 个姓氏中，其中就有滕姓。这起源于 4000 多年前，是最早的一支滕姓。其二也是出于姬姓。根据《广韵》中所提到的，周武王曾把滕地赐封给自己弟弟——也就是周文王的第 14 子叔绣。后来叔绣建立滕国，在战国时期被越国灭亡，虽然恢复但又被宋国所灭，所遗留的望族便称自己为滕氏了。滕氏除了这两种来源外，还有在明朝蒙古族改姓之说。

【姓氏繁衍】

　　滕国灭亡后，子孙便四处离散，至于山东、河南等地。东汉时期滕姓人丁兴旺，尤其是那个时候发展有北海郡，出了很多名门大户。例如东汉时期的滕延、滕抚都是被记载于史册的北海郡人氏，又例如孙权招滕胤并为其女婿，大大的兴盛了北海郡滕氏。之后，又有北海郡人滕牧，先是立为皇后，后又失宠，被

迁移到今广西境内，之后国灭，又移转至洛阳，这一兴一衰，却大大地扩展了滕姓在全国范围内的分布，所以到两晋时，滕氏已经是个常见姓氏了，尤其在发展了数十年的开封、南阳等地。滕姓于南北朝动乱时期大举南迁，至于江苏、江西、广西、湖北、安徽等地。唐代后，有滕姓居住于浙江省内，但是并不常见，只是以散居的形式存在。那时候在江西有一户名为滕文纪的人家，有三子，均因各种原因迁徙外地，至于福建、广东。经过宋代，浙江也有了滕姓居住的踪影。后为躲避元兵，滕姓分散，有进入四川、云南安家落户者。之后的进程与其他姓氏相似，无非就是明朝分迁、清朝至于海外。

【姓氏分布】

据最近数据显示，滕姓在国内人口共 78 万人左右，在中国姓氏排名中位于 167 名。如今的滕姓，主要分布在黑龙江、辽宁、广西和湖南等省份。

如今，滕姓在全国分布较广，尤以广西、黑龙江、辽宁、湖南为多。目前滕姓人口列全国第 211 位。

【姓氏名人】

滕代远：中国工农红军早期创始人，中国人民解放军的领导者之一，新中国铁路事业的奠基人。

滕海清：中国人民解放军高级将领，1955 年被授予中将军衔。

滕久寿：抗日英雄，国民革命军吴淞要塞司令部少将参谋长。1932 年 2 月 4 日在淞沪抗战中牺牲。

七十四、《新编百家姓》之殷姓

【姓氏来源】

冥冥之中，人们都顺口说殷商，其实殷姓确实是来自于商朝。上古商朝时期，皇位传到第十代君王盘庚的时候，其将国都迁于殷，于是逐渐就被称作殷商。被周武王灭国了，子孙分散各地，他们便以之前的地名为姓氏，成为殷氏了。

【姓氏繁衍】

我们所说的殷地，实际上就在今河南省内，虽然被周朝所灭，但这里的子孙后代还是在一直在河南境内繁衍。到秦国末年的时候，他们已经在武陟、沁阳一带生活了很长时间。汉朝初年，分散到汝南、西华，并发展为当地的旺盛之族。然而根据史书记载，那时候有会稽人殷通、东海人殷嘉、琅琊人殷崇，也就是说当时在今浙江、山东、山西、陕西已经有殷姓居住了。三国时期，殷氏的一些支系南迁到四川和江苏一带，之后南北战乱，更多的人逐渐迁往江南一带，例如江苏、江西、浙江等省份。也有在被朝廷贬官至此的，例如晋朝的殷浩父子。隋唐至宋元时期，殷姓继续繁

衍，所涉及的分布区更为广泛，不但聚集于陕西、山西、甘肃，更发展至福建、广东。经历了分迁，于明朝时此姓已经遍布大江南北。后发展至东北三省、台湾、海外。

【姓氏分布】

殷姓人口如今占全国汉族人口的0.16%，排名第104位。他们较多地分布在云南、四川、河北、陕西、山东等地，其中包含了全国汉族殷姓人口总数的58%。

【姓氏名人】

殷芸：南朝时代文学家。曾作《小说》《殷芸小说》。曾为当朝司徒左长史等官位。

殷仲文：东晋文学家，曾任尚书、太守等职位。

殷兆镛：清朝道光年间的进士，曾极力主张抵御英法联军，为主战派。他曾有《齐庄中正堂集》等著作。

殷仲容：唐朝著名书画家。曾为申州刺史，善于画人物、水墨画。

殷希彭：曾赴日本留学，回国后任河北医学院病理科教授。抗日战争时期参军，解放后任人民解放军后勤部副部长，被授予少将军衔。

殷秀梅：当代著名女高音歌唱家，曾有《党啊，亲爱的妈妈》获第二届金唱片奖。

138

七十五、《新编百家姓》之罗姓

【姓氏来源】

罗姓得于始祖颛顼。《说文通训定声》曾有提及："罗，出自妘姓，为颛顼帝之孙祝融氏之后裔，以国为氏。"颛顼高阳氏，是炎黄时代的重要首领，其孙祝融，是后来的专门掌管火的官员，人称"火神"。后来被赐封在罗邑，建立罗国，被楚国歼灭后，子孙以国为姓，也就是现在的罗姓了。除此之外，罗姓在隋唐以及明朝时期，都有被赐姓的历史。也源于西周以后的西罗国国民改姓为罗以及南北朝鲜卑族汉化复姓为罗姓。

139

【姓氏繁衍】

罗姓起初是在中原地区发展繁衍的。它的南迁始于春秋战国被楚国所灭，是一个南迁比较早的姓氏之一。当时的罗姓有迁徙到今湖南长沙的。秦汉时期，出现了高官罗珠，成为罗氏之鼻祖，尽管如此，罗姓在当时发展还是比较缓慢的。永嘉之乱时，罗姓第二次南迁，这次规模实属宏大，以至于成为南方第一姓氏，遍布江西、福建、广东等省，形成众多郡望。盛唐时期，百姓安居乐业，罗姓的队伍逐渐壮大起来，在当时可谓达到发展之巅峰。明清时，为躲避种种战乱，罗姓开始了第三次迁徙，并且有进入少数民族的。当时在土家族、瑶族、布依族中，发展成了大姓。

【姓氏分布】

如今罗姓占全国汉族人口总数的 0.68%，是位居第 20 位的常见大姓。它是南方典型姓氏。主要分布在四川、广东、湖南三省，其比例占据汉族罗姓总人口的 53%；其次湖北、贵州、江西、云南又占据了 21%。这形成了罗姓在四川、粤湘闽赣两块聚集区。此外，甘肃中西部北方，也是罗姓人口密集之地。数据显示，罗姓如今已经超过 1032 万人。

【姓氏名人】

罗从彦：宋朝文人，人称"豫章先生"。代表作品有《遵尧录》《春秋指归》《豫章集》等。

罗贯中：元末明初小说家，其代表作《三国演义》被誉为古典四大名著之一，除此之外，他的代表作还有《隋唐志传》《三遂平妖传》《残唐五代史演义》等著作。

罗聘：清朝著名画家，因为善于画梅花，故人称"罗家梅派"。另外他在画人物、山水、佛像方面也有所造诣。

罗工柳：中国油画家。

罗振玉：著名学者。

七十六、《新编百家姓》之毕姓

【姓氏来源】

毕姓出自于周文王的第 15 子高，也就是史料中记载的毕公高。几千年前，文王姬昌之子，名高，被封于毕地，在今陕西长安，在当时来说算是风水宝地，极受重视，后周文王、武王都埋葬于此。毕公高的儿子毕万在晋国做大夫，被封在魏地，而留在毕生活的人，便以地为姓，所以不可否认，毕姓和魏姓，是存在某种渊源的。另外，据《世本》所载："系自任姓所改。"即此姓来源中有一部分是从任姓改过来的。还有一部分毕姓是从古时候西域、匈奴的少数民族汉化而来的。

【姓氏繁衍】

毕姓诞生于渭水两岸，即今陕西西安、咸阳。后逐渐繁衍到山西。战国时期，位于山东的滕国有官员，名毕战，证明当时毕姓已经有迁到山东的。先秦至西汉年间，毕姓已经繁衍到河南、河北、广西等地。当时有一位官员毕野白，就是河北涿州人。魏晋南北朝年间，毕姓继续发展，于太原、河南、河内都建立了郡望。安史之乱时，有陕西毕姓入蜀，后遍及湖南、湖北，北宋扩张至江西、浙江、安徽等地。毕姓在明朝时期由洪洞分迁于北京、天津等华北地区。

141

【姓氏分布】

毕姓如今在中国姓氏中排名 125 位，其人口占全国汉族人口的 0.11%。毕姓多见于北方，尤其是黑龙江、山东和河南三省，占有 70% 的毕姓人口。除此之外，在北京、天津、河北沧州、山西太原、湖北监利、江西崇仁、广东吴川、广西田林、四川云贵等地区均可以见到毕姓人家聚集。

【姓氏名人】

毕昇：北宋时期人，曾发明活字印刷。

毕沅：清朝文人、学者。其曾与人合力完成著作《续资治通鉴》。独自完成的有《灵岩山人诗集》《文集》等。

毕伯涛：中国陶瓷美术大师，"珠山八友"之一。

七十七、《新编百家姓》之郝姓

【姓氏来源】

　　郝姓其中一个来源出自子姓。据《名贤氏族言行类稿》等典籍记载，商朝君王乙在位的时候，曾经将太原郝乡赐封给他的儿子子期，之后子孙以地为氏，这里的太原指的就是今山西省会，所以这里便是郝姓之出地。另外，据说在炎帝时期，有神农氏，其又称为郝骨氏，辅佐太昊，后郝骨氏的后代简而化之就变成了今天的郝姓。当然，同大多数其他姓氏一样，其中也有出自改姓的：例如唐朝南蛮、元朝噜别中均有此姓。

【姓氏繁衍】

　　郝姓子孙在太原这个地方，一住就是一千多年，并且以此为中心，逐渐向周边的河南、陕西、河北等地延伸；到了晋末年间，其中一支郝姓被派往安徽省做官，后又移至湖北安陆。魏晋南北朝时期，在山西居住了世世代代的郝氏并没有被战争严重波及，倒是河南、河北的郝姓被迫南迁至安徽。隋唐之际又有迁徙到湖北、四川的。但是无论如何，郝姓大多数还是在中原发展，和其他姓氏不同，在早期时，郝姓并没有大规模的南迁过。甚至历经唐宋两朝，也只是零散

的有人迁徙到江南去。直到明清时，湖南、湖北和福建才渐渐发现有郝姓入住。此时北方的郝姓已经在辽宁聚集多时，并于清末遍布东三省。而山西郝姓老户也扩张至甘肃、内蒙古等地。

【 姓氏分布 】

据统计，郝姓如今有 300 余万人，在中国姓氏排行中是第 71 位的大姓，其人口占据全国郝姓总人口的 0.41%。郝姓是典型的北方姓氏。由于历史原因，郝姓至今在山西、河南、河北三省聚集最多，占全国汉族郝姓人口的 59%。与历史的繁衍过程是极其吻合的。除此之外，广东、江苏、安徽、四川、湖北、浙江也多见于此姓。而郝姓在海外主要分布在新加坡和东南亚等地区。

【 姓氏名人 】

郝孝德：隋末农民起义军领袖，其曾率领近万人起义。

郝经：元初名儒，著有《太极演》《原古录》《通鉴书法》《玉衡贞观》《陵川集》等。

郝懿行：清朝学者、官员，作品繁多，例如《尔雅》《竹书纪年校正》《春秋说略》等著作。

郝梦龄：国民革命军第 9 军军长，在忻口会战中壮烈殉国，是抗战中牺牲第一位军长。

郝海东：中国足球运动员，曾多次入选国家队。

143

七十八、《新编百家姓》之邬姓

【姓氏来源】

邬姓来源有二：其一是在春秋时期，陆终之第四子，受封在邬地，后世便以地为名；其二是晋朝公族大夫司马弥牟受封于邬地，后裔引以为氏。这些在《通志·氏族略》《左传·昭公二十八年》里是有据可依的。而当时的邬地，便是现在的山西介休，邬姓氏就发源于此。

【姓氏繁衍】

邬姓发源于山西介休。秦汉之际，其中几支迁徙到河南禹州，后逐渐蔓延至黄河中下游各省，并于魏晋南北朝时期躲避战乱南迁于江苏、浙江、湖北、安徽以及江西，其中江西为当时邬姓主要选择的落脚之处，在崇仁、南昌等地形成了聚集。唐末时期，邬成化带领其族人从江西迁徙到福建，开辟了邬姓入闽之道路，随之而来的是其他支源的逐渐南迁，后在广西、贵州都可以看见邬姓人家。实际上，邬姓在历史上并不多见，只知道清朝有过书法大家邬彤。但尽管如此，它和其他的姓氏一样，几乎参加了每一个朝代的迁徙运动。

【姓氏分布】

邬姓人口在当今比较稀少，在中国位于 300 名以后，只在四川、湖北、台北等有少量分布。

【姓氏名人】

邬彤：唐代书法家，曾被人称作"寒林栖鸦"，指的是他的技艺超群，很少有人可以超越。

邬大昕：字东启。宋朝河源人。任广州金判时，发现东洲与黄木湾之间，交通不便，立即计划施工，将鹿步湖岸凿开，使两地十余里的水路畅通，便利来往行人交通运输。后当地居民在鹿步湖建大昕庙以示纪念。

邬干于：近代学者、作家。著有《崇德初级中学设立实验班答客问》等。

七十九、《新编百家姓》之安姓

145

【姓氏来源】

安姓，在历史上得于姓氏继承。颛顼的第二个儿子叫做安，曾在西戎之地得封，后来建立安息国，大概位于今伊朗境内，不在中国。轮到后裔安清继位之时，其并不愿意接受，而是出家传播佛教去了，最后落脚在中国洛阳，他的子孙便成为安姓。另，魏国时有复姓安迟，之后也简化为安氏。

【姓氏繁衍】

安姓于中国洛阳落脚，起初分迁于甘肃、湖南，并迅速发展为郡望。三国两晋时，部分甘肃安姓南迁，这个时期，也有很多安姓和少数民族融合在一起，扩大其人数。而安姓的第二次南迁是在宋元时，北方战乱不堪，安姓多举家南迁到今安徽、浙江、江苏等地。明时分迁。清朝才有入闽、入台者。

【姓氏分布】

如今安姓在中国姓氏排名第 109 位，其人口占全国汉族人口的 0.15%，并且多分布于河北，其所包含安姓人数占全国汉族安氏总人口的 25% 以上。

【姓氏名人】

安民：宋代著名石匠。宋朝时候很多石碑都是出自他的手，巧夺天工。

安传：于明代万历年间中举，曾任刑部郎中。曾著有《蛮音集》。

安昶：清代著名书法家，善于草书。

146

八十、《新编百家姓》之常姓

【姓氏来源】

常姓有着 4000 多年的历史。上古黄帝的大臣中，有叫常仪、常先的，他们的后代必然是继承祖姓，这是一种来源。第二，出于姬姓，即卫康叔的后裔被赐封于常，后代以邑为氏。第三支，出自恒姓，于宋真宗年间，恒氏为了避赵恒之名讳，改为常氏。

【姓氏繁衍】

常姓分布在山东、江苏二地。由于南北都有聚集，所以常姓可谓是"双向同步发展"，这使得常姓分布速度快、范围广、时间早，于是在春秋战国的时候，于北，有河南、河北常氏；于南，有湖北、湖南常氏。

之后，由于太原有大将军常惠的出现，使山西常姓一时颇有名望。同时，山东的平原形成郡望，之后不久，甘肃、河南也相继出现了常之郡望。隋唐时期，陕西新丰的常姓出了很多官员，例如常衮，随陈政父子入闽开漳，是迁徙福建的第一人，遂后代繁衍于此，传播至两广。宋时，常姓人口突然递增，是由于恒氏改姓而造成的，此更增加了常姓在中国的分布。据记载，当时浙江、江西、湖北、江苏、福建、广东，甚至云贵，都已经有常氏人口居住了。历经明清两朝，常姓从未萧条，如今已经遍布大江南北以及海外。

【 姓氏分布 】

常姓如今在中国排名第 94 位，占全国汉族人口总数的 0.18%。其中，河南、山西、黑龙江、吉林、河北五省常姓约占全国汉族常姓人口的百分之 63%。

147

【 姓氏名人 】

常璩：东晋史学家。著有《华阳国志》《汉之书》等。

常何：初唐时期官员，在贞观年间任中郎将，广推贤人。

常粲：唐代画家。代表作品有《孔子问礼》《山阳七贤》。

常伦：明代散曲家。是当朝的大理寺评事。代表作品有《常评事集》《写情集》等。

常香玉：豫剧女演员，代表剧目《拷红》《白蛇传》《花木兰》《战洪州》《大祭桩》《人欢马叫》《红灯记》等，曾当选为中国戏剧家协会副主席。

常连安：相声演员。北京人，满族。捧逗皆能，其子均从事相声表演，成为独具特色的常氏相声世家。新中国成立后，常连安曾任天津市曲艺工作团团长。

八十一、《新编百家姓》之乐姓

【姓氏来源】

乐姓出自于子姓，据《姓氏急就篇》所载，宋戴公之子，字乐父，后来其子孙便以祖父的字作为姓氏，所以出现了乐姓。此姓来源比较单纯，未曾听说有改姓之来源。

【姓氏繁衍】

乐姓始于春秋宋国之地，也就是如今的河南商丘一带，并且很长一段时间，乐姓族人以此地为中心繁衍，世世延续，生生不息。据记载，乐姓在宋国时期曾经繁荣一时，例如有魏将乐羊被赐封今河北；燕名将乐毅拉拢同盟者攻齐而封于河北武邑，其后裔有乐臣公迁徙山东。这便是乐姓的繁衍之初了。后汉朝时期，乐姓入陕西，有乐亲家族出现；而一直守居在河南境内的一支乐姓，此时早已发展兴旺，有郡望。乐姓的大部分人都生活在北方，一直到隋唐才进入江南地区，后来遍及浙江、安徽、江西、四川、湖北、湖南，反之，北方的乐姓倒是显得黯然失色了不少。历经明清两朝，乐姓继续发展至全国，后至于台湾、东南亚等。

【姓氏分布】

乐姓现在有 19 万人左右的人口，在中国排名第 280 位左右，全国分布广泛，但是在浙江尤其常见此姓。

【姓氏名人】

乐毅：战国时期燕国的著名将领。曾联合其他诸侯国一起攻打当时势力非常强大的齐国，连破 70 余城，此人极具军事谋略和领导才能。

乐广：晋代官员，曾做侍中官员，为人刚正廉洁，耿直不阿，身处乱世之中，但仍然为百姓做了很多实事，爱民如子，据说每离职一个地方，其百姓伤心不已，并很久不能忘记。

乐以琴：中国空军第一位空战王牌飞行员，抗日战争中共击落 8 架日机。

乐松生：同仁堂经理，曾担任北京市副市长，全国工商联副主席。

八十二、《新编百家姓》之于姓

【姓氏来源】

于姓大多数起源于姬姓，始祖为周武王姬发。周武王灭商纣后，其二儿子在邘国，后被称为邘叔，子孙以国名为姓氏，有的干脆简化了偏旁，姓于氏了。此来源是最为正宗的一种。剩下的便是改姓而来的：唐代时有复姓淳于氏，为避宪宗李纯名讳而改姓于氏；北魏时期的万忸于氏在被孝文帝汉化改革时改姓于氏；明清时期，少数民族中也有改复姓为于姓的。

【姓氏繁衍】

经查证，今河南泌阳县是于姓的发源地，也是当时邘国所在之处。邘国灭亡后，其子民也是一直留在河南境内繁衍，只不过扩张到其他县地，并无出省。直到秦汉时有几支才缓缓地迁入河北、山西、山东、安徽、甘肃、陕西，也就是说其向四面八方延伸，这其中有形成郡望的，例如东海郡、河内郡等。魏晋南北朝时期，战乱的时局打破了于姓在中原地区安静的生活，有于姓南下到湖北、四川和湖南。北宋年间，徽、钦二帝成为俘虏，押走的人之中也有于姓，也算是"被迫迁徙"了。南宋末期到元朝，金兵入侵，于姓向南退之，入粤入闽，而山西却受影响不大，待时局稳定后，此省的于姓就填补到人口萧条的地方去了。

【 姓氏分布 】

于姓为当今排名第 28 之大姓，其占据全国汉族人口总数的 0.62%。如今，于姓分布以山东省为多，占全国汉族于姓总人口的 25%；加上东北三省、湖南、陕西几省，总共占据 67%。

【 姓氏名人 】

于禁：三国时期魏国名将，因征战有功，被赐封为益寿亭侯，后被关羽活捉，据说因羞愧而死。

于休烈：唐代开元初举进士，曾官高至积贤殿学士。曾写有《五代论》闻名于世。节俭清廉、好读书。

于濆：晚唐时代诗人，一生怀才不遇。但在文学界有所造诣，他的 45 首诗都被收入了《全唐诗》中。

于谦：明朝忠臣，官高至总督军务。曾在蒙古瓦剌来袭时首当其冲，固守北京城池，后大败瓦剌军。著有《于忠肃集》等。

于慎行：明朝官员，万历年间曾任翰林院修撰，后为东阁大学士。曾著有《谷城山馆诗文集》《读史漫录》等。

于右任：曾在光绪年间中举人，后投身民主革命，加入光复会和同盟会。其作品《右任文存》《右任诗存》流传至今。

八十三、《新编百家姓》之时姓

【姓氏来源】

时姓的主要来源是由宋姓而来。上古时期，周武王灭殷商，建立周朝，赐封商王子微子启于商丘，建立宋国，子孙以宋为姓氏。后来，宋国出现一医，名来，做了时邑的首领，所以他的子孙便以地为姓氏，于是，时姓便产生了。除此之外，楚国时，有医生，名申叔时，他的后裔子孙把父名中的"时"字为姓。

151

【姓氏繁衍】

同很多其他姓氏一样，时姓发源于河南省内，是当时楚国的地境，由于楚国势力强大，所以此姓并没有由于被吞并而逃亡，反而呈稳定的扩张姓氏。至于战国时期在山东和浙江都有居住的时姓。当然作为临近之省河北自然也有此姓入住，例如汉朝时有时苗、时农，他们都是今河北人。这个地方的时姓后来迅速发展，巨鹿郡望崛起。那个时候也已经有其他之系的时姓居住甘肃了，昌盛于临洮。自然而然的，作为邻近的湖北、陕西、山西、江苏、安徽等省份，在隋唐的时候就常见到有姓时之人了。南宋时期，有名为时光的携其家族迁徙到今浙江江苏一带，那时候，已经有一些时姓名人居住在江南一带了。越是这样，越是有时姓被吸引至此，于是迁南的人逐渐多了起来。至于元明清，时姓已经普及全国。

【姓氏分布】

时姓在如今比较罕见，在国内只有 54 万人，占全国汉族人口总数的 0.77%，排名第 189 位。时姓现在在北京，天津，内蒙古，河北、山东，安徽，湖南，广西，贵州，云南的某些地区均有分布。而河南、山东为多，二省时姓约占全国汉族时姓人口的 66%。

【姓氏名人】

时苗：东汉时期的官员。以廉洁而闻名。

时元佐：唐朝官员，曾官至颍州刺史。代表著作为《湖州纪功铭》。

时光：宋代著名画家，善于画怪石、树木丛林等。

时少章：宋朝官员、文人，其代表作品有《易诗书论孟大义》《所性集》等。

时逸人：自学成才，曾在抗日时期到处行医，后来创办了中医学校。他的著作繁多，有《中国时令病学》《中国急性传染病学》《中国妇科病学》《中国内科病学》《中国儿科病学》《时氏麻痘病学》《时氏诊断学》等。

时传祥：掏粪工人，当代全国劳动模范。其"宁肯一人脏，换来千家净"的精神为每一个人发扬、学习。

八十四、《新编百家姓》之傅姓

【姓氏来源】

傅姓是一个来源众多的姓氏,概括而言之,总共有5种来源:第一,出于殷商名相傅说之后,《史记·殷本纪》说,傅说曾被请于参与治理国家。傅说的后裔自然随其祖辈姓氏。第二,是黄帝的后人大由之后,大由被封于傅邑,其子孙以地为姓氏,也就是说,此傅姓是出于姬姓的。第三,出于舜帝,源自姚姓,据相关资料记载,舜帝的领地中有傅国,此地的后人以地为氏。第四,赖氏曾被楚灵王陷害,为了逃避追杀,改姓为傅,这可见于《赖氏族谱》所载。第五,出自少数民族,尤其是清朝满族的一些官员,例如傅恒等都是入关以后改为汉姓傅的。当然也有其他的少数民族改为此姓氏的。

【姓氏繁衍】

傅姓在古时候多见于山西、陕西、甘肃、宁夏等西北地区,后来有迁徙到山东和河北的,其中傅说就是在今山西出生的。后据考证,河南才是傅姓之源头。河南傅姓多为官,例如弘农太守傅允。汉朝时期,傅姓迁徙于河北、山东两省。北部傅之大族以河南西汉大司马傅喜为代表,西北部有东汉人傅毅族人聚集,甚至南方浙江有西汉人傅柔之名门。两晋时期,傅姓在河北省发展旺盛,不但出了很多达官贵人,后南迁到江南地区的傅姓也是出于此地。三国时期之前有傅姓迁入贵州、后入蜀地；并在南北朝大举移居至浙江绍兴。唐末入闽、入粤，在宋朝的时候傅姓就随处可见了。

【姓氏分布】

傅姓如今达 450 万人，占全国汉族人口总数的 0.55%，是一个排名在第 53 位的大姓。其遍布全国，无南北之分，在山东、湖南均为大规模聚集之姓氏。

【姓氏名人】

傅毅：东汉文学家。曾有《七激》《迪志》和《舞赋》等作品。

傅宽：汉朝开国功臣，曾在楚汉战争时与韩信等人平定齐地。

傅奕：唐朝科学家、无神论者。曾任太史令。著作有《老子注》等。

傅亮：南朝宋国官员，曾编著《观世音应验记》等。

傅作义：国民党高级爱国将领，曾参加长城抗战和绥远抗战，后率领部下起义，使北平顺利和平解放。

傅抱石：现代著名画家，美术教育家，在中国美术界有一定地位，擅长画山水，并对中国美术史和画论具有广泛研究。

傅雷：著名翻译家、文艺评论家。代表作品《傅雷家书》。

154

八十五、《新编百家姓》之皮姓

【姓氏来源】

皮姓的来源主要有两个。首先，皮氏出自樊姓，也就是姬姓的后裔。《风俗通义》曾有所提及，鲁献公的二儿子仲山浦，为周宣王的辅佐重臣，因此受封于樊地，后世子孙便姓樊氏。到了春秋时期，有名为樊仲皮的，做了大臣，他的后代，以父名为姓，故姓皮。其次，有记载说，春秋时期，郑国的大夫，叫做子皮，他的后人以他的名为氏。正如《姓谱》所云："出郑大夫子皮。"。

【姓氏繁衍】

皮姓最初是由河南济源，繁衍到山西的。虽然姓氏罕见，却出现了不少历史名人，例如汉朝时期，有谏议高官皮究以及撰写《秦嘉集》的皮仲固；三国时期有名将皮容；南北朝有将领皮豹子等。由于姓氏稀少，所以除了皮姓之后在天水郡、下邳郡发展昌盛，并以此为中心扩散到大江南北，其他具体的繁衍过程在史书中难以查询。

【姓氏分布】

皮姓的人口稀少得惊人，它未进入中国姓氏前 300 名之列，曾有统计说中国汉族人口姓皮的只占 0.0013%，它被称为中国之怪姓。

【姓氏名人】

皮豹子：北魏太武帝时封淮阳公，曾累破宋师，有谋略。

皮日休：唐朝时期著名文人，归隐人氏，撰有《鹿门隐书》《皮子文薮》《松陵唱和诗集》《忧赋》《河桥赋》《霍山赋》《桃花赋》《九讽》《十原》《鹿门隐书》等。多为抨击时政的作品。

皮锡瑞：清代经学家。曾主持江西南昌经训书院。爱国人士，曾为《马关条约》的丧权辱国气愤，极言变法不可缓。后讲学术，多为救国之题材。著有《师伏堂丛书》《师伏堂笔记》《师伏堂日记》等。

156

八十六、《新编百家姓》之卞姓

【姓氏来源】

说到卞姓，我们不得不老生常谈地说到黄帝。黄帝的儿子，有一个叫做龙苗的，他的后人是吾融。吾融之子后来被赐封在卞国，做了领袖。其子孙后代以国名为姓氏，于是卞氏产生了。我们都知道商朝的时候有一个叫做卞隋的将领，就是此地的后裔。另外，我们在前文提及过，周武王曾封其弟叔振铎于曹，叔振铎的后人有叫做曹庄的，在鲁国做官，被封于卞邑，为子爵，也称为卞庄子，其后人姓卞。

【姓氏繁衍】

卞姓早期分布于河北、河南、安徽、江苏四省,可谓南北均占。于秦汉时期,其中几支卞姓迁徙于山东。魏晋南北朝时,出现了曹操之贤妻卞后,使卞姓之声名一时之间大放异彩,或许有良性循环之功效,此时卞姓一下子人丁兴旺了起来。也是在这期间,卞姓由于各种原因进行了第一次大规模迁徙,至于黄河中下游地区以及湖北、湖南、江西、江苏、浙江等。于唐朝进入四川省。宋元之际,本该落地休养生息,但是卞姓的迁徙并没有戛然而止,这是因为当时江浙一带不是烽烟四起,就是灾祸连连,使得本该在此落地生根的卞姓再一次南迁至闽、粤。明清两代,北部地区的卞姓扩展到内蒙古以及东北三省。

【姓氏分布】

卞姓在当今中国排名 269 位,其人数占据全国汉族人口数量的 0.02%。其分布尤其以黑龙江、山东、河南、江苏、四川等省区居多。

157

【姓氏名人】

卞和,春秋时期的楚国人。曾在荆山下得玉献楚王,被以欺君之罪砍去双脚。后文王得知此确实为宝玉,便赐名"和氏之璧",也就是后来"完璧归赵"典故中蔺相如所保护的"和氏璧"。

卞敦:西晋大臣。初任汝南内史。后镇压王如有功,封侯。明帝时,讨王敦叛乱有功,升为湘州刺史。

卜彬：南朝齐文学家。代表作品《禽兽决录》等。

卜斌：隋代文人。曾有《和孔侍郎观太常新乐诗》，后被录入《先秦汉魏晋南北朝诗》。

卜梦珏：清朝诗人，代表著作有《绣阁遗稿》《卜玄文诗》和《家庭合唱集》等。

卜留念：国家一级作曲家、演奏家，全国器乐家协会会员，中国轻音乐学会委员，代表作品《今儿高兴》《愚公移山》《欢乐中国年》《心情不错》《青春万岁》《新吉利话》《雄鹰》《打个电话》《过大年》《美好的期待》《火火的北京》《我属于中国》《中国娃》《大中国》。曾流行在中国的大江南北，人人传唱。他是中国新民乐运动的奠基人。

八十七、《新编百家姓》之齐姓

【姓氏来源】

齐姓的来源主要有四种：第一，出自姜姓，始祖为姜子牙姜太公，即为炎帝后裔。姜子牙助周灭商后，被赐封于齐地营丘，建立齐国，后子孙以地为姓氏。第二，是出自姬姓卫国卫大夫齐子，后人以他的字作为姓氏，这在《通志·氏族略》和《姓氏考略》中都有所记载。这是齐姓最主要的两个来源，另外唐朝时宣城郡司马，改姓为齐；另少数民族，如清满洲齐佳氏、纳西族、蒙古等民族中都含有齐姓。

【姓氏繁衍】

齐姓的发源地，就是当初齐国所占的区域，据考察，它位于今山东临淄，虽然后来改朝换代，田氏取代了齐姓，但是由于进行得比较和平，所以并没有齐氏子民逃亡避难，大多数还是原地不动生活了很多年。春秋战国时期，齐姓已经繁衍到了河北、河南境内，并在秦汉时形成了不少著名的郡望，例如汝南郡望、中山郡望以及高阳郡望等。后来，魏晋南北朝的战争几乎洗劫了本在河南安静生活的齐氏子民，百姓落荒而逃，狼狈不已，只得逃到南方得以一时苟活，却不料这仗一打就是许久，无奈只能在落脚之处再生根，慢慢地繁衍到四川、湖北、安徽、江苏、浙江等地。而中山、高阳郡望由于地理的优越躲过了战争一直发展昌盛。宋元时宋帝赵构南迁国都，更使南方齐姓继续扩散，而北方由于多年受外族统治反而时局稳定，没有影响到宗族的发展。明初之际，山西齐姓作为明朝洪洞大槐树迁民姓氏之一，被分迁于今河北、河南、北京、天津等地。后清朝时北方齐姓闯关东到东北三省，逐渐地，齐姓落地在祖国的每一个地方。

【姓氏分布】

据相关统计数据，齐姓现在大约有 125 万人左右，在中国姓氏排行榜上未进入前 100 名之列，大约是排在 130 名左右的位置。如今，齐姓在全国广泛分布，尤其是以河北、河南、吉林、辽宁、黑龙江等省居多，此五个省中所包含的齐姓人数占全国汉族齐姓总人口的 62% 以上。

【姓氏名人】

齐万年：西晋时代的羌族领袖，曾领导羌族人民起义反晋，他被推举为帝，后兵败被俘虏。

齐映：唐朝时期官员，青年时期高中状元，后为官，先任监察御史，后为宰相，最终被贬。

齐唐：宋朝官员、学者。少年时高中状元，官至职方员外郎。曾著有《学苑精英》《少微集》等。

齐德之：元朝医学家。曾任御药院外科太医，研制疮肿治疗之方，编有《外科精义》三卷。

齐泰：明初时官员，任兵部左侍郎，建文帝时为顾命大臣。燕王朱棣攻破南京夺位之时，其不屈而死。

齐召南：清朝官员、学者。乾隆年间的礼部侍郎。精通地理。著有《水道提纲》《历代帝王年表》等。

齐周华：清代旅行家。其代表作有《五岳游草》等。

齐承彦：清朝道光年间官员，主管刑部。

齐如山：近代京剧理论家、戏曲家。曾参加组织北平国剧学会，编辑出版《戏剧丛刊》《国剧画报》，致力于戏曲搜集以及北京民俗的研究。多年与梅兰芳合作，是梅剧的舞台编剧与导演。

齐白石：著名画家。早年为木工，后以卖画、刻印谋生。擅长人物及山水。解放后被授予人民艺术家称号。曾任中国美术家协会主席。

160

八十八、《新编百家姓》之康姓

【姓氏来源】

之前我们提过，周朝建立时，周武王曾将其弟姬叔赐封在康地，称为康叔。后成王继位后，又封康叔为卫君，建立卫国，死后谥号为"康"，所以他的子孙后代便以他的号作为姓氏，产生了康姓。这是康姓最主要的来源，也是最正宗的一种康姓来源。康姓还有来自于外族以及少数民族。《梁书·康绚传》载："汉臣西域康居遣侍子待诏河西，因留，其后氏焉，望出京兆、东平、会稽。"说的是西域曾有康姓的，后留在中原。另外《隋书》载："突厥亦有康姓"。实际上，经查证，很多少数民族中都有康姓的。

【姓氏繁衍】

康姓最初发源地包含了河南东部、山西西部以及河北西南部一带，可见当时卫国领土之广阔。当时卫国曾进行过一次迁都，即从河南淇县至于河南滑县，这时康姓在河南省境内有了广泛的扩展。秦朝时，康姓已经繁衍多时，人口渐增，东至山东、西至陕西，都形成了当地比较大的聚集之族。唐朝时，康姓已经在河南、山东、陕西、甘肃、陕西、河北、新疆、安徽都有落户。而在这之前，有一名叫康植的人，本为宁夏人氏，举家迁徙到浙江绍兴定居。也有不少人南迁的，其最早的一次在三国时期就有过，到现在康姓成南北均占的局势，也就不足为奇。北宋初年，有河北康氏进入四川、福建定居的，明代又蔓延至广东、湖南、江西某些地方。康姓在很早就遍布全国了，到了清代有人移居到台湾、海外。

【姓氏分布】

康姓现在至少有220万人，占全国汉族人口总数的0.28%，人口繁多，在中国姓氏排行榜中排名为92，属于常见姓氏之一。康姓现在在中国大陆主要分布于安徽、四川、甘肃、山东、陕西等地，单这五地的康姓人口就占全国汉族康姓人口总数的63%。

【姓氏名人】

康子元：唐代经学大师。

康茂才：明朝开国大将。

康海：明代文学家，主要作品有杂剧《中山狼》。

康有为：维新运动的主要倡导者。信奉儒家学说，并致力于将儒家学说改造为可以适应现代社会的国教。著有《新学伪经考》等。

康白情：著名诗人。

八十九、《新编百家姓》之伍姓

【姓氏来源】

伍姓的来源单纯而又古老，经查证，伍姓是沿袭伍胥后裔之姓氏的。《玄女兵法》中曾经记录，黄帝旗下有一名大臣，名为伍胥。他后裔有叫做伍参的，在春秋时期是楚国的谋臣，曾因主张楚国进攻晋国并取得胜利而封为大夫，深得楚庄王的宠信。后来伍参的后人，便随其名而得伍姓，此姓一直流传至今，从未消失。

【姓氏繁衍】

伍姓并不是一个常见的姓氏，对于它具体的发展历程，至今未有人可以讲述清楚，而史料中也找寻困难。但是可以分析得出：其中伍姓的始祖，伍参当时是楚国的宠臣，居住在楚国国都之地，经查证，它位于今湖南常德这个地方。而伍姓来源单一，并未发现还有其他的出处，所以可以说，这里是最早的、更是唯一的伍姓发祥地。伍参的后裔有一位伍子胥，其出生在今湖北境内，可见当时伍姓已经向周边的省区蔓延发展了，而无论南与北，都应该是其扩张的目标，由此可以推断，伍姓的繁衍过程大致还是和其他姓氏相似的。

【姓氏分布】

伍姓如今在中国姓氏排行榜上位居第 121 位，人口数量约占全国汉族人口的 0.11%。伍姓现在在中国主要分布在湖北、湖南、广东等地，此三省的伍姓人口总数占全国汉族人口总数的 64%，是一个典型的南方姓氏。除此之外，在湘西的少数民族尤其是苗族中，伍姓也是常见的一个姓氏，其人口是占有一定数量的。

【姓氏名人】

伍正己：唐朝官员，以廉洁和直言敢谏而得名，后宦官当道，朝堂黑暗，他便失望地归隐了。

伍佑：宋朝官员，太常博士。他曾兴建废旧盐场，后使其兴旺并收入丰厚。所以被称为"佑盐场"。

伍隆起：宋朝大将，曾在宋朝末年的时候与元军坚决对抗，宁死不屈，后来手下投敌，将他杀害。

伍钝：明朝有名的大孝子，其才华横溢，足以出仕，但是为了侍奉母亲左右而寸步不离，其母去世后他又守孝三年，从未离开，人人都为他的孝顺之心感动至极。

伍福：明朝官员，曾为陕西按察副使。擅长诗文，编著过《咸宁县志》《陕西通志》《三吴水利论》《云峰清赏集》《南山居士集》《苹野纂闻》等书籍。

伍时可：宋朝官员，为人正直豁达、胆识过人，曾在刚入朝为官时就为朝中被贬的同僚据理力争，其勇气很是受到别人的钦佩。

伍连德：公共卫生学家，中国检疫、防疫事业的先驱，中华医学会首任会长。

九十、《新编百家姓》之余姓

【姓氏来源】

余其实最初和由是一家，都是来源于始祖由余。据《风俗通》所述，春秋战国时期，西戎有大臣由余，一次奉命出使秦国，见秦穆公宽厚仁慈，知人善用，便留在了秦国做大臣，并辅助秦君统一天下，他的子孙有的以他的姓为氏，有的以他的名为氏，所以便分化成了"余"姓和"由"姓。余姓的另一个来源是出自姒姓，也就是夏禹之后裔。大禹有三子，其中小儿子叫做罕，其后被禹封姓为余。除此之外，余姓还有一些分支来源，包括：隗氏后代五姓之中有姓余的；羌族、藏族以及其他一些少数民族，其中有本身就是余姓的，也有汉化演变为余姓的。总的来说，这是个来源广泛的姓氏。

165

【姓氏繁衍】

我们知道，余姓始于鼻祖由余仕于之地，秦国的领土，也就是今陕西中部与甘肃东南部交界附近。余姓在这里定居、发展，持续了很多年。汉朝时，余姓东迁至河南及江南地区，

但是南迁的余姓主要还是停留在了安徽省境内。此后，南北的余姓几乎是同时繁衍生息的。但也许是政治或是仕途的原因吧，北方余姓的发展，似乎总是显得逊色不少。又加上连年战乱，本来稀少的余姓，又多次大举南迁，其中有的迁徙到湖北、湖南等地，发展日益昌盛繁荣，在东南地区形成了许许多多的名门望族，唐末有余姓随陈元光父子入闽开漳的，随后定居的族系。唐末时期，因黄巢之乱，余渊海从福建一直逃亡到广东武溪，无意间做了广东之余姓第一人，此后不久，其子余咸便移居湖南了，而另一子余衮便在杭州安居落户了。他们的后裔，遍布于江西、广东的各个州县。明朝洪武年间，余姓被分迁，至于甘肃、山东、江苏、河北等省。明清时已经遍布全国，北方余姓规模也随之慢慢壮大起来了。

【姓氏分布】

余姓是在中国姓氏排名中位居第 51 位的常见大姓，其人口数量占据中国汉族人口总数的 0.41%。余姓在全国分布广泛，尤其是以四川、广东、江西、云南、河南、湖北、安徽等省多此姓，上述七省余姓人口数量约占全国汉族余姓人口的 77%。

【姓氏名人】

余靖：北宋年间工部尚书，后谥曰"襄"，后人尊称忠襄公。他善于撰写文章、懂得契丹语，是一位外交人才，曾著《武溪集》为后人保存。

余阙：元朝时期元帅，代表著作有《青阳集》等。

余象斗：明朝著名编著人，以当时的通俗小说为主，编著的书籍有《三国志传评林》《列国志传》《四游记》《全汉志传》等。

余怀：清朝文学家，其代表作品有《味外轩文集》《研山堂集》《秋雪词》《板桥杂记》等著作。

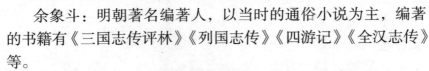

余嘉锡：语言学家、目录学家、古文献学家。

余叔岩：京剧老生"余派"创始人，代表作品《搜孤救孤》《王佐断臂》。

余光中：当代著名诗人、散文家。代表作品有《舟子的悲歌》《五陵少年》《天狼星》《逍遥游》《乡的牧神》《掌上雨》等等，其中有诗集、散文集以及评论集。

九十一、《新编百家姓》之元姓

【姓氏来源】

元姓并不是一个单一来源的姓氏，它的来源有几种：先从最遥远的殷商时期说起。首先，殷商时有位名臣，名为元铣，他的后世子孙自然继承他的姓氏，为元氏；其次，我们在前面曾经提到过，春秋时期周文王第十五子名为毕公高，他有一个后裔族人，叫做毕万。毕万的后人，曾经被赐封在元邑，按照当时的习惯，子孙后代以地为姓氏。所以也可以说，这一支元姓是姬氏的子孙，可见于《韵会》查证；第三，出自鲜卑族拓跋氏之后，这一族人曾经在我国北方雄起，称为北魏王朝；直到孝文帝继承皇位时，崇尚汉化之事，于是其改姓为元，并且将国都迁往洛阳境内，当然，他的子孙后代族人也延续了他的元姓姓氏。第四，元氏出自于改姓。宋朝年间，赵匡胤为帝，为避其父亲赵玄朗之名讳，所有姓玄的人，都改为姓元，即由"玄"姓而来的"元"姓。第五，根据。据《魏书官氏志》记载："纥骨氏，是云氏，均改为元氏。"以上便是元姓的几种来源。

【姓氏繁衍】

从元姓的起源，我们不难看出元姓是一个多支源的姓氏，但是无论是来自于周文王后裔的姬姓元氏，还是鲜卑族拓跋氏后裔汉化而来的元氏，起初都是紧靠着黄河流域周边，河南、河北之地衍生的，这里便是元姓的发祥地了。后来，元氏族人就以此地为中心，慢慢活动到其他境内去了。据《魏书·高祖纪》的记载，来自少数民族鲜卑后之元氏，曾建都洛阳，后来人丁兴旺，有河南郡之建立。后亦被魏晋南北朝以及宋元之动乱驱逐分散到江南各地，尤其是居住于湖南、江西者，可谓是人才济济，诞生了很多历史名人。

【姓氏分布】

现在在中国大陆和台湾，元姓都未进入姓氏排行的前 300 名之列，在全国各地都有元姓的分布，但是尚未存在有关其具体分布比例的数据。

【姓氏名人】

元结：唐朝诗人，曾经首当其冲地参与了唐代古诗文运动，代表著作有《浪说》《漫记》等。

元稹：唐朝著名文人，曾中科举。曾著有《元氏长庆集》，而他的另一部著作《西厢记》在当今文坛具有很高的评价，并被多次选入教材，笔锋生动有趣，情节引人入胜。

元德昭：五代时期丞相，由于战功累累，十分受到吴越王的器重。

元好问：曾为金朝时期官员，后国灭而放弃仕途。擅长诗词，在文学史上有着很重要的地位，曾著《遗山集》《摸鱼儿》等，其中一句"问世间，情为何物"是至今还得以流传的佳句之一。

九十二、《新编百家姓》之卜姓

【姓氏来源】

　　说起卜姓，大家不由自主地会想到算命算卦一类的事情。其实卜姓的来源确实和命运观测活动有着密不可分的关系。在古时候，算卦占卜是一种职业，按照古人的习惯，很多时候都以官职作为自己的姓氏，卜姓也并不例外。卜姓在历史上来源众多，但都是和占卜有关的。首先，卜姓为上古夏禹后代夏启之后，是出自于姒姓的，为卜姓的最早一支来源，因为担任占卜之官，其后人以官名为姓氏。可在《路史》史籍中有所考证。同样的，姬姓周文王之子叔绣后裔有为占卜官的，后代以卜为姓氏。那时占卜是一件非常重要的事情，无论是打猎、出战、

祭祀之前都要先算上一挂，所以占卜的官员也是很受尊敬和器重的。他们通常使用动物的骨头或者是乌龟壳，先打一个眼儿，然后用火灼烧，从裂开的纹路中来

观测凶吉。除此之外，在殷商、春秋战国时期也有占卜的官员，

169

后裔姓卜的。并且与其他姓氏一样，都在北魏汉化中有从复姓转化以及少数民族中产生的。

【姓氏繁衍】

卜姓在现在虽不是常见姓氏，但是从其繁衍发展时间来看，可以算得上是姓氏之老前辈了。春秋战国时期，就已经有卜姓人氏卜齿奇、卜偃、卜徒父、卜皮了等等了，他们分别仕于不同的君主、不同的诸侯国，即鲁国、秦国、晋国和楚国。也就是说，卜姓的发源地广阔、分散、不止一个。后据查证，其发源地有山东、陕西、山西、湖北；后来逐渐发展到河南、湖南两省。因为在汉朝时期分别有河南洛阳人卜式和湖南郴州人卜阳被记载于史册，这足以证明之前的推断。卜姓在唐朝时已经发展到西北地区，后来到了两宋，在中国的四川、安徽、江西、广东等地都可以发现卜姓的存在。卜姓在明朝时被分迁于陕西、宁夏、北京、天津，甚至至于蒙古，后逐渐遍布全国。

【姓氏分布】

当今卜姓在全国姓氏排第 150 位，其人口约占全国汉族人口总数的 0.07%。卜姓分布广泛，尤其是在安徽、广西、广东、内蒙古多见于此姓氏聚集，这四省的卜姓人口占全国汉族卜姓人口的 67% 以上。

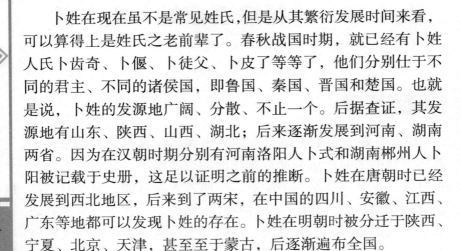

【姓氏名人】

卜商：春秋时期著名学者，为孔子门人，擅长文学，精通《诗》《易》《礼》。

卜名祖：南朝宋将领。辅佐刘裕参与多场战役，立有功劳，后被赐封为关中侯。

卜世臣：明朝著名学者、小说家。其代表作品有《乐府指南》《山水合谱》《冬青记》《乞麾记》《双串记》《四劫记》。

卜舜年：清朝初年画家。代表作品有《云芝集》等。

卜祖学：清朝医学家，多年悉心研究医学，在当时医学界有一定的历史地位，代表著作《伤寒脉诀》。

九十三、《新编百家姓》之顾姓

【姓氏来源】

顾姓本身产生，有两个来源：其一是出自己姓。帝颛顼之孙吴回之子陆终有六子，其中一名赐姓为己，并且封在昆吾国做领袖，被称作昆吾氏。夏朝时期昆吾氏的后裔有被赐封在顾国的，为顾伯，其子孙以地邑为姓氏，因此顾姓产生。其二，是出自于姒姓，也就是越王勾践的后裔。勾践曾被吴国打败，卧薪尝胆多年，后来终于打败了吴国，成为君主，后来又被楚国所灭亡。越王勾践的后裔孙摇，曾辅助刘邦建国，被封在东瓯。后其子又被赐封顾余侯，其子孙有以他的封号为姓氏的。除此之外，顾姓的一部分支系来源于众多少数民族。

【姓氏繁衍】

顾姓的发源分为南北两处，出自己姓为河南范县顾姓，而出自姒姓为浙江绍兴顾姓，他们南北各占一处，各围绕中心繁衍、扩延。但总的来说，南方顾姓发展略胜一筹，它在春秋战国时期不久就成为南方会稽一带的大姓，并出现了很多名门、望族。汉朝时候顾翱，据说以孝而闻名天下；南朝大将顾欢，屡战不败，为朝中重臣；其后人虽有所迁移，但名声犹存，这使顾姓宛如镀金之高贵，促其壮大。这些名人的出现，也成就了会稽最终成为顾姓之著名郡望。南方顾姓后慢慢发展到湖南常德，并也成郡望。这也使顾姓在唐朝时有着江东四大姓之美称。唐宋元时期，时有战乱，其南北均有扩散，多因逃亡，居无定所，以至于明朝时南方有安徽、湖北、湖南、福建、广东、四川等，北方有山东、山西、陕西、河北、内蒙古等顾姓聚集之地，尤其以江浙发展最为昌盛。

172

【姓氏分布】

顾姓在中国人口达到 230 万人以上，在中国姓氏排行里位于第 89 位，顾姓约占全国汉族人口总数的 0.25%。顾姓在南方更加常见，尤其是在江苏、浙江两省，其地顾姓人数占全国汉族顾姓人口总数的 60%。

【姓氏名人】

顾雍：三国时期吴国丞相，由于为人谦和，又识人才，所以为当时子民所钦佩。

顾况：唐朝诗人。曾著有《上古之什补亡训传十三章》《悲歌序》《海鸥咏》和《囝》，多为反映当时政治黑暗的文章。之前曾为官，后被贬，则归隐，后颇有成就。

顾璘：明朝诗人、文学家，曾为朝中刑部尚书，其代表作品有《浮湘集》《山中集》《息园诗文稿》等。

顾炎武：清朝学者。曾著有《日知录》《天下郡国利病书》《肇域志》《音学五书》等。

顾光旭：清朝学者。代表著作有《凉溪诗钞》《响泉集》等。

顾城：当代诗人。

顾维钧：中国近现代史上最卓越的外交家之一，曾参加《联合国宪章》的起草工作并代表中国在《联合国宪章》上签字。

九十四、《新编百家姓》之孟姓

【姓氏来源】

孟姓起初来源于鲁桓公的庶子庆父。庆父品行不端，曾杀死庄公的继位人缗公，想要作为鲁国领袖，这大大激怒众人、引起民愤，庆父惶恐逃到了莒国，后来还是被鲁国的季友想办法押送回来，庆父在回来路上便自缢而亡了。庆父的儿子公孙敖便继承了爵位，由于父亲是排行老大，又避讳弑君之罪，所以其子改姓为"孟"字来作为自己的姓氏，因为孟字在古代的时候恰是最大的意思。孟氏的另外一个来源是出自于姬姓，即卫国公之子挚的后裔，以孟作为姓氏。其实，这两支孟姓本身就为一家。因为，无论是周公还是康叔，都是周文王的儿子。其他的孟姓，有少数来自于少数民族。

【姓氏繁衍】

今山东和河南两省是孟姓最初形成的地方，后来逐渐传播到邻近之省山西、河北。当时，山东是四省中孟姓最繁盛的一个，因为西汉年间有博士孟喜的出现，他的族人繁多，聚集在东海郡望。

东汉有孟光、孟尝，曾举家迁徙到江苏居住，为此姓的南迁开了先河。南北战乱时，孟姓大举南迁，迁于江苏、浙江一带孟姓的多出于山东，而湖北、江西一带的多出于河南，其中湖北在三国时期形成江夏郡，人口繁盛。唐朝时，孟姓人才济济，出现了很多著名诗人，孟浩然就是我们最为熟知的一个。孟姓于五代时期进入四川，其始祖为河北邢台人孟知祥，后便在此地生根发展繁荣不已。后宋时他族侵略，拉开了又一次南迁的帷幕，这次南迁的落脚点多选择在长江中游、下游。它经过了明朝的山西之大分迁，清朝入关，真是遍地开花。

【姓氏分布】

孟姓是如今在中国姓氏排名中位居84位的大姓，人口众多，约占全国汉族人口总数的0.24%，孟姓在中国北方地区更加常见，尤其是以山东、河南、辽宁、黑龙江、吉林、河北等省作为大量聚集之地，此六省孟姓人数约占全国汉族孟姓人口总数的67%。

【姓氏名人】

孟子：战国时期伟大的思想家，儒家代表人物。

孟浩然：唐朝著名诗人，以田园诗为主。《夏日南亭怀辛大》《过故人庄》《春晓》《宿建德江》《夜归鹿门歌》《岁暮归南山》《早寒江上有怀》《与诸子登岘山》《晚泊浔阳望庐山》《万山潭作》等，反映了他的浪漫主义情怀。

孟称舜：明末时期戏曲作家。曾作有杂剧《桃花人面》《英雄成败》《死里逃生》《红颜年少》《花舫缘》《眼见媚》等，另有《曲录》流传甚广。

孟泰：是新中国成立之后的第一代全国劳动模范。

九十五、《新编百家姓》之平姓

【姓氏来源】

平姓来源有三，一是姬姓后裔，韩国国君韩哀侯，其子名诺，被赐封在平邑，他的子孙以地为姓氏；二是黄帝的嫡传后代，陆仲后人，齐国将相晏平仲，其后人取其名字中的"平"字作为自己的姓氏。三是元朝时期，天灾人祸，战争不断，国家外有内患，百姓为躲避迫害，所以改汉姓为平。

【姓氏繁衍】

根据平姓的起源，我们可以知道其实平姓的始祖真是韩哀侯之子诺。据查证，当时他所被赐封的平邑，就是今天的山西省临汾县，于是，这里便成为此姓的最初发源地，平氏子孙多以此为生活之地，不断繁衍，慢慢地向周围省份迁徙。公元前203年，韩国被秦国所灭，平姓的后代子孙们便从之前的居住地，迁往到下邑，也就是今天的安徽省境内。也就是说，很早以前，平姓就在北方和南方之间有过一次较大的拉伸。虽然历史上并没有对平姓的具体繁衍做详细记录，但是我们可以知道平姓和其他姓氏一样，不断地发展壮大、迁徙运动。值得一提的是，平姓后来在河内郡发展成望族，世称河内望，一直留存到现在。

【姓氏分布】

平姓是个比较罕见的姓氏，并没有记录是有关于平姓人口数量以及平姓人口比例的。

【姓氏名人】

平当：汉朝成帝时期的骑都尉，兴修河堤，防止水患，为百姓做了很多好事实事。但后来被哀帝封为丞相时，他却拒绝高俸禄，不求财富。

平刚：清朝年间秀才，民国时曾担任同盟会中央总务干事等职位，曾参加护法运动，积极响应孙中山。其著作有《感遇诗集》《平氏谱录》《贵州革命先烈事略》等。

平海澜：著名英语教育家，曾任商务印书馆《英文杂志》主编，编写有《英汉模范字典》。

177

九十六、《新编百家姓》之黄姓

【姓氏来源】

　　黄姓，是一个极其古老的姓氏，其主要有三个来源：其一是出自帝舜时代东夷部落首领伯益的后代，其中有一支是姓黄的，这一支黄氏在周朝时期建立黄子国，后被楚国所灭，其遗留的子孙以地为姓；其二，是少昊金天氏的苗裔，名为台骀是，他的后人曾建立了黄国，后来被晋国所灭，子孙以原来的国名作为姓氏。例如唐朝的黄少卿，就是此支后裔。其三是出自于蛮族中的黄氏。

【姓氏繁衍】

　　黄姓起源于河南潢川县，即当时黄国的地域。后来被楚国灭亡后，遗民四处逃散，近的跑到了河南的中部地区，远的则出省，至于河北和湖北两省。秦汉时期湖北黄姓已经扩散到安徽境内，并且发展兴旺。西晋末年，黄姓首次南迁，并且有入

闽者，后来发展成闽之大姓。宋代时黄姓入粤，散居在广东省的某些地区，他的始祖名为黄潜善，有九子，分别迁徙。同时北方河南黄姓移居杭州。

【姓氏分布】

黄姓在全世界共有人口7500万人，有4200万人在中国大陆以及港澳台，占中国汉族人口总数的3.2%，位居全国姓氏排名第7位。它多见于南方，而北方并不常见。主要集中于长江以南地区，广东省的黄姓人口最多，约占全国汉族黄姓人口的19%。四川、湖南、广西、江西等省黄姓人口也比较多，以上五省的黄姓人口约占全国汉族黄姓人口的56%，除此以外，海南、江苏、福建等省也多见于此姓。

【姓氏名人】

179

黄霸：西汉武帝年间河南太守丞，后官至宰相，实宽政而得民心。

黄庭坚：宋朝著名诗人。与张耒、晁补之、秦观合称"苏门四学士"。开创江西诗派，其代表作品为《婴香方》《王长者墓志稿》《泸南诗老史翊正墓志稿》等。

黄道婆：元朝纺织女工。后悉心研究纺织技术，不断推陈出新，闻名四方。在中国纺织业具有重要地位。

黄兴：曾追随孙中山，参加辛亥革命，是中华民国的开国元勋。

黄宗羲：明末清初经学家、史学家、思想家，有"中国思想启蒙之父"之誉。著作有《明夷待访录》《明儒学案》《孟子师说》等。

九十七、《新编百家姓》之和姓

【姓氏来源】

和姓，除了他姓以及他族改姓，本身有两个来源。其一，是出自祝融氏后代羲和，其是第一个作为掌管天地四时的官员。之后所有为此官者便以羲和的"和"字作为姓氏，即以官职为姓；其二，春秋时期的楚国有一玉工名为卞和，其子孙后以其名作为姓氏的，即和姓。

【姓氏繁衍】

和姓是一个多来源的姓氏，所以起源并不只是一处。传说中的"和氏璧"是在春秋战国时期被楚国玉工卞和发现的，也就是说和姓有一支就起源在楚国境内。南北朝时期，北魏鲜卑族人氏和氏随孝文帝南下，定居洛阳，于是这里也成了和氏的繁衍之地。和姓有两个比较著名的聚集之地，一是河南省汝南郡望，另一个是浙江省萧山县郡望。

【姓氏分布】

和氏当今人口约为 19.6 万人左右，占全国汉族人口总数的 0.01%，在中国姓氏排名第 293 位，它的主要分布地有：辽宁省的抚顺市，河北省的邯郸市，河南省的南阳市、焦作市，山西省的榆次市，广西来宾市，广东茂名市，四川省的资阳市，云南省丽江等以及这些省内的小县城。

【姓氏名人】

和峤：晋朝官员，晋武帝时为黄门侍郎。

和凝：五代时文学家，法医学家。好文学，长于短歌艳曲。著有《疑狱集》。

九十八、《新编百家姓》之穆姓

181

【姓氏来源】

穆姓是一个多支源的姓氏。一支来自子姓，是宋穆公之后人以其谥号为氏；另一支来自姬姓。宋穆公之后人以谥号为氏；也是炎帝之后，《路史》云："穆，炎帝之后。除此以外，北魏时期有丘穆陵氏，汉化改姓为穆氏。少数民族中，穆姓也并不是少见之姓氏。

【姓氏繁衍】

春秋战国时期，穆姓主要生活在今山东、河南、湖北等省，汉朝有鲁国学者，姓穆，举家迁徙至今江苏，成为进入徐州之第一穆姓，其后裔慢慢地繁衍到周围的江苏、安徽等省。穆姓在南北朝战乱时期大举南迁，至于四川等江南省地，而此时，鲜卑族之穆姓在山西、甘肃等西北地区居住，由于没有受到太多战争影响，所以发展很是辉煌，并出现了不少名门望族。北宋有穆衍因仕途因素迁往山西，其有不少同族跟随而去，这使长江以北的大部分省份都有了穆姓的踪影。而南宋处于水深火热的川湘穆姓，继续逃难于南，至于贵州、

广东等地，而使穆姓最终遍布于全国。

【姓氏分布】

穆姓现在只有 45 万人左右人口，在中国姓氏中，排名 206 位。穆姓主要分布在北京、天津、河北、山西、山东、内蒙古、湖南、广东、云南、四川等地。

【姓氏名人】

穆修：宋朝官员、文人。善于研究古文、声律，由于对学术有着执着的钻研，所以研究成果较为显著，得到文人欧阳修的认同和赞扬。他的代表作为《穆参军文集》。

穆宁：唐朝官员，曾为秘书监，一生刚直不阿、直言敢谏，并且对子女教育严格，讲求凡事得守礼数。

穆藕初：民国时期著名的棉花专家，昆剧传习所的创办者之一。

九十九、《新编百家姓》之萧姓

【姓氏来源】

萧姓的出处大致有四个：第一，出自伯益仕于萧，久而久之，其后代以国为姓；第二，出自于子姓，即周朝宋国微子启的后裔有被赐封在萧地的，子民以地为姓氏，这是如今最被认同的一支来源；第三，出自少数民族改姓以及外姓更改为萧。据史料记载，汉朝、魏晋南北朝时期都有少数民族从复姓改为萧姓的，例如伊苏济勒族、契丹巴哩族等；改姓指的是宋朝将军钟达之子为了逃难，而改姓萧和叶，所以这两种姓氏，是具有历史渊源的。

183

【姓氏繁衍】

萧姓的发源地在山东。先秦时期的战乱让萧姓族人四处逃散，以至于很早的时候就遍布南北了。我们熟知的萧何，是当时刘邦的辅佐之士，可谓是劳苦功高，于是他的后代也是世世为官，这对萧姓的发展有着大大的促进作用，汉朝时就有很多萧氏郡望形成了。萧姓遭遇永嘉之乱而南迁于江南各省，于唐宋之前就已经遍布山东、河南、河北、安徽、北京、福建、广东等地区了。后元明清三朝，又进入四川、江西、湖南、湖北，并几次渡海迁徙至台湾，从而流于海外。

【姓氏分布】

今萧姓在中国是排名第 30 位的大姓，人口足有 730 余万人。萧姓广泛分布于全国，尤其是四川、江西、湖南、湖北、江西、山东、广东等地，这几个省的萧姓人口超过全国汉族萧氏总人口的一半以上。

【姓氏名人】

萧何：西汉名臣，初为沛县小吏，后在楚汉战争中不但作为丞相给予前方足够的支持，并推荐人才韩信作为大将，协助刘邦一路消灭异己之国。

萧子云：南朝时期史学家、文学家、书法家。曾为尚书右丞等，其代表作品有《晋书》《东宫新记》等。

萧朝贵：太平天国运动早期领导人，封为西王。

萧红：中国近现代女作家，"民国四大才女"之一。代表作品《生死场》《呼兰河传》。

一百、《新编百家姓》之尹姓

【姓氏来源】

尹姓的来源繁多，至少存在 7 种。一说是由于少昊金天氏之子，名为殷，被赐封在尹城，故后人以地为氏；二说上古时期的尹寿，是尧帝之师，其后人自然继承祖姓；三说夏朝有大臣，名为尹谐，其后人以祖辈姓为氏；四说出自西周时期的史官尹逸，后裔随其姓；五说西周时期道士尹轨，其后裔遂姓尹；六说是周宣王时代，封兮伯吉莆作为尹，意为当朝的执政大臣，后代以其官职作为姓氏；最后，少数民族例如蒙古族、回族、满族中都不乏姓尹之人。

【姓氏繁衍】

先秦时期，尹姓主要活动在今河南、山西、陕西、山东境内。到了西汉至南北朝时期，尹氏有迁至今浙江、安徽、四川、湖南、甘肃、江西、河北、贵州、广西、广东等省者。汉朝宣帝年间，有东海太守尹归翁，为官清廉；有荆州刺史尹珍，博学多才，这使尹氏一时名声大望，后形成天水郡望和西州郡望，也就是今天的甘肃。隋唐时期尹姓已经发展到湖北，例如当时官员尹敏，就是湖北襄阳人士。唐朝画家尹思贞又作为尹姓代表振兴长安尹氏。

【姓氏分布】

尹姓人口约有 220 万人，占全国汉族人口总数的 0.19%，排名第 95 位，尤其以四川、湖南、湖北多聚集有尹姓，此三省尹姓约占全国汉族尹姓人口总数的 40%。

【姓氏名人】

尹洙：宋朝著名文学家，曾为龙图阁学士。他曾写过的著作中，很多都是阐述军政的，风格简洁，代表作有《河南先生文集》《五代春秋》传世。

尹源：北宋时期学者。曾著有《唐说》及《叙兵》十篇。有《文献通考》传世。

尹继善：清代名臣，曾任两江总督、文华殿大学士。有《尹文端公诗集》10卷传世。

尹瘦石：著名书画艺术家，善于画马，长于草书。曾任中国文联副主席。

186